골프, 신이 주신 노하우

개정판

# 골프,
## 신이 주신 노하우

**김준식** 지음

좋은땅

## 프롤로그

'다름'과 함께하는 사회는 풍성하다. 다양한 사람이 많을수록 서로가 서로에게 배우며 성장하는 기회가 잦다. 하지만 골프계에서 다름은 인정되지 않는다.

자신이 배우고, 느끼고, 성공시킨 내용만이 진리라며 그것을 강요하는 문화가 있다. 이러한 문화는 지적당한 이에게 낙심을 준다. 나와 다른 이를 쉽게 정죄(定罪)하는 것이다.

사실 서로의 '다름'(difference)은 긍정적으로 풀이되어야 한다. 저마다의 처한 상황과 생김을 수용하면 관계와 삶이 즐거워진다.

독특함을 인정하고 상대의 장점을 그대로 봐줄 때, 나와 상대, 서로의 삶이 빛난다.

골프가 분명 그렇다. 앞에 놓인 공을 목표물에 보내는 데 있어 자신이 가장 잘할 수 있는 방법이 존재한다.

물론 기본적으로 통용되는 기술도 있지만 이 세상 모든 프로 골퍼들이 각각 저마다의 자세가 있는 것처럼 사람 모두는 각각 신체 운동지능도 다르고 몸의 생김도 다르기에 개인의 신체적 조건과 학습능력에 따라 골프를 배워가는 과정도 달라야 하는 것이다.

그런 의미에서 이 책은 다양성을 중심에 두고 쓰였다. 제1~2권에서는 서로의 다름을 인정하되 일반적으로 적용될 수 있는 골프 원리를 보여 주고, 제3권에서는 골프의 핵심인 마음 자세를 다뤘다. 그리고 제4권에서는 각 신체 조건에 따른 다양성을 장점으로 활용할 수 있는 노하우가 담겨 있다.

이로써 많은 이들이 골프가 어렵다거나 특정한 사람들만 즐기는 운동이라는 오해 대신, 삶 속에 윤활유가 되는 즐겁고 수월한 운동이 되길 바란다. 물론 골프 강사로 15년간 활동하면서 만났던 1,000여 명의 사람들이 이 책을 만든 것이나 다름없다. 그들이 수업받는 동안 성공적으로 진행되었던 내용이 축적되고, 필자의 연구와 정리를 통해 합리적인 이론이 만들어졌기 때문이다.

> 지혜가 있는 사람은 힘이 센 사람보다 강하고
> 지식이 있는 사람은 기운이 센 사람보다 강하다.
>
> 잠 24:05

# 차례

## 제1권

# 나누고 싶은 비밀 원리

제2권

# 중력과 골프(가속과 던지기 운동)

제3권

# 마음을 다스리는 골프 철학

**제4권**

# 타인을 이해할 수 있는 관점에 따른 골프

## 핵심 요약: '헤드 무게'

헤드 무게, 이게 무슨 말일까? 골프 클럽은 '그립, 샤프트, 헤드'로 구성되어 있는데, 골프 스승들은 항상 '헤드 무게'를 느끼라고 한다. 왠지 이 말은 골프를 잘하는 방법처럼 느껴진다. 하지만 초보자에게 이 말은 이해가 안 된다.

'골프공을 쳐야지. 헤드 무게를 느끼라니?' 눈에 보이지도 손에 잡히지도 않는 걸 느끼라는 말은 의아하게 들릴 뿐이다.

하지만 골프공은 분명 정지되어 있고, 공을 치는 것은 클럽 헤드가 유일하다. 따라서 스윙 중 클럽 헤드가 어디에 위치하는지 알아야 공을 맞힐 수 있다.

하지만 골퍼는 공에 시선을 두고 있으니 시야 밖으로 움직이는 클럽 헤드 위치를 파악할 수 없다. 그러므로 클럽 위치를 아는 방법은 무게를 느끼는 방법밖에 없다. 즉, 클럽 헤드는 눈에 보이지 않지만 손끝으로 느껴지는 무게를 감지함으로써 그 물체가 어디쯤 위치하는지 파악할 수 있다.

이는 '고유수용감각'이라 하는 인간의 놀라운 감각이다.

이뿐만이 아니다. 헤드 무게를 느낀다는 것은 골프 클럽과 스윙 원리를 포함한다. 헤드가 무겁다는 뜻은 반대로 손잡이 쪽이 가볍다는 뜻인데 이는 에너지를 기하급수적으로 증가시키기 위한 공법이다.

이를 투석 원리로 본다면 실과 돌을 상상할 수 있다. 실 끝에 돌을 맨 다음 원심력을 만들어 돌을 획획 돌리면 무거운 돌은 손잡이를 따라 '원운동'이 된다. 이때 돌은 생각보다 빠른 속도를 내는데 손잡이에서 더 큰 구심력이 생길수록 돌에는 상상조차 할 수 없는 가속이 생긴다. 이런 원리가 골프 클럽에 적용된다.

물론 무게감을 느끼고 있을 때 가능한 일이다. 그렇다면 스윙 중 헤드 무게는 어떻게 느낄 수 있을까?

이를 위해 골퍼는 부여잡는 힘을 줄일 수 있어야 한다. 작은 자가 되어야 큰 영광을 얻는 것처럼 힘으로 클럽을 다루기보다 클럽의 운동력이 극대화될 수 있도록 하는 것이다. 이는 악력과 압력으로 나뉠 수 있는데 '악력'은 클럽을 잡는 힘이고 '압력'은 움직임으로 생겨나는 손으로부터의 클럽 헤드 저항력이다. 결국 클럽의 기능을 극대화하려면 압력이 이용돼야 할 것이다. 여기에 자연의 힘인 중력까지 더해지면 골퍼는 커다란 에너지를 경험할 수 있는데 그렇게 골프는 힘으로 이기는 게임이 아니며 설정된 코스와 주어진 환경에서 자연의 힘과 질서에 따라 겸허히 최선을 다할 때 빛나는 게임이다.

이 단순한 원리를 이해하지 못하고 이기려 한다면 오히려 큰 함정에 빠져 흥미를 잃을 뿐이다.

그러므로 자연의 위대한 힘 앞에서 인간적인 욕심과 인위적인 힘을 잠시 내려놓아야 실제 골프에 필요한 힘이 공급된다는 사실을 기억하며 골프에 임해야 할 것이다.

제1권

# 나누고 싶은
# 비밀 원리

## 골프에 정답이 있는 걸까?

골프는 다양하다. 재미있게 즐기는 명랑골프, 서로간의 약속을 주고받는 비즈니스 골프, 경쟁에 이겨야만 하는 토너먼트 골프가 있다. 어떠한 골프를 하느냐에 따라 추구하는 바는 달라진다.

그러므로 골프를 배울 때 자신이 무엇을 원하는지 정확히 알아야 한다. 실제 골프 기술을 배울 때에도 자신에게 필요한 것부터 하나하나 해결해 갈 때 긍정적인 성과로 이어지기 때문이다.

하지만 사람은 객관적인 필요보다 그 분야의 고수들이 하는 방법에 관심이 더 이끌린다. 왠지 그곳에 정답이 있을 것만 같아서다.

실제 골프 분야의 고수들은 상상 이상의 골프 샷을 선보이는데, 순간적인 빠른 스피드와 공의 비상을 보면 그들을 경외하지 않을 수 없다.

하지만 확신이 있는 그들도 자신의 방법이 통하지 않을 때는 스윙 교정을 한다. 토너먼트 정상에 있는 선수들조차 더 나은 방법을 찾기 위해 지속적인 변화를 시도하는데…. 이는 모두가 자신이 가장 잘할 수 있는 정답을 찾고자 하는 골프의 문화라 할 수 있다. 물론 연습장을 자주 찾는 우리들에게도 이것이 해당된다. 매번 하는 골프가 왜 그렇게 다르게 느껴지는지, 어떠한 기준으로 공을 쳐야 좋을지, 그 고민에는 끝이 없기 때문이다. 그렇게 골퍼의 학습은 무수한 변화 속에서 진행되는데… 불확실한 상황 속에서 할 수밖에 없는 것이 골프일까? 누구에게나 통용되며 확실한 도움을 줄 수 있는 그런 골프 원리는 없는 걸까? 다음에서 그 비밀을 살펴보자.

# 나누고 싶은 골프 비밀 원리

비거리 = 레버리지(leverage) = 원심력(遠心力)

위 공식은 골프 천재인 잭 니클라우스가 기록한 말이다.

레버리지는 지렛대라는 말로 골프 클럽을 지렛대 원리로 다룬다면 큰 비거리를 얻을 수 있다는 뜻이다.

물론 지렛대 원리는 모든 운동에서 중요하다. 이것이 스포츠에서 극적인 퍼포먼스를 만들어 주기 때문이다. 작은 자에게 큰 힘을 실어 주는 『성서』의 원리처럼 힘없는 골퍼들도 지렛대 원리를 이용해 가속과 원심력을 만들 수 있다. 물론 누구에게나 이것이 적용되기에 어떤 체형이든 지렛대 원리가 잘 작용되게끔 하는 것이 중요하다. 그렇다면 스윙 중 지렛대 원리는 어떻게 사용될까?

## 지렛대 사용 원리

보통 지렛대 원리는 사람이 목표한 바를 이루기 위해 사용되는 힘의 효율을 말한다. 예를 들어, 한쪽이 내려가면 다른 쪽이 올라가는 시소 원리처럼 물건을 올리기 위해 내리는 힘을 사용하는 것을 지렛대라 한다.

중력에 저항하는 것보다 중력과 같은 방향으로 힘을 써 쉽고 편안한 힘으로 극대화된 힘을 작용하는 것이다.

지렛대에서는 힘을 가하는 곳을 힘점(力點), 그 힘을 받쳐 주는 곳을 받침점(支點)이라 한다. 두 힘으로 한곳에 큰 힘이 작용하는데 그곳을 작용점(作用點)이라 한다. 예를 들어 시소를 탈 때 사람이 위에서 아래로 내려오면 그것은 힘점이 되고, 그 힘을 받쳐 주는 중간 받침대는 받침점이 된다. 그로 인해 앉아 있던 상대방은 날아가듯 올라가게 되는데 그곳이 바로 작용점이다.

골프에서도 지렛대 원리가 그대로 적용된다. 골프 클럽을 그립, 샤프트, 헤드로 나눈다면 그립을 위에서 아래로 내리는 힘은 '힘점'이 되고, 그것을 위로 받쳐 주는 샤프트의 힘이 '받침점'이 된다. 그리고 그로 인해 생기는 힘이 클럽 헤드에 '작용점'으로 나타난다. 특이한 점은 받침점이 공중에서 일어난다는 것인데 이는 골프채가 헤드 무게로 인해 원심력을 받기 때문이다. 그래서 골프에서는 힘점과 받침점을 통일하여 '구심력'이라 하고, 그로 인해 나타나는 작용점을 '원심력'이라 칭한다.

그림(1) 클럽의 구심력과 원심력

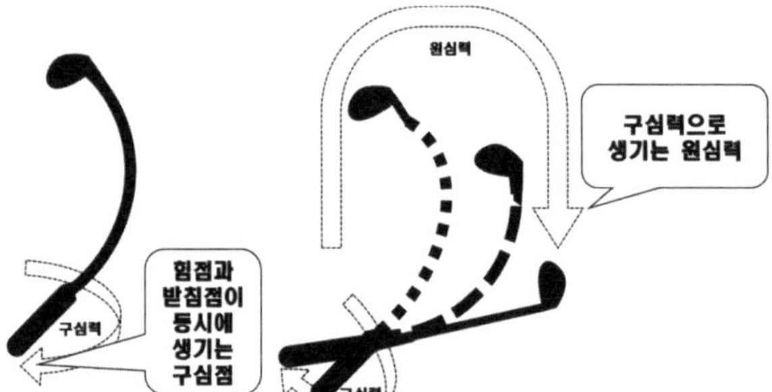

이는 힘의 원리로 구심력이 얼마나 중요한지 보여 준다. 삶에 있어 무엇을 구심점 삼느냐에 따라 인생이 바뀌

듯 골프에서도 구심점에 따라 좋은 샷과 나쁜 샷이 결정되는 것이다. 이와 같은 원리는 3000년 전에도 있었다.

## BC 1000년경 어느 양치기의 승리

골프는 스코틀랜드(Scotland)에서 시작되었다는 설이 유력하다. 당시 이 지방에서 양을 치던 목자들은 양들을 바른길로 인도하고 사나운 짐승들로부터 보호하는 일을 했다. 또한 지팡이와 돌로 게임을 하기도 했다. 특히 목동들은 사자나 곰의 위협을 막기 위해 돌을 던져 육식동물들을 쫓아냈는데 이들의 돌 던지기 기술은 골프 스윙과 유사하다.

이러한 목자들의 역사를 거슬러 올라가면 다윗이라는 인물이 있다. 이 사람은 미켈란젤로가 만든 조각상으로도 유명하다.

다윗이 양을 칠 무렵 다윗의 나라를 위협하는 무리가

나타났었다. 그들 중 골리앗이라는 상상 이상의 덩치 큰 장수가 있었는데, 그는 대표 장수로서 다윗 나라 사람들을 비하하고 멸시했다. 이에 다윗은 화가 났다.

화가 난 다윗은 왕에게 찾아가 자신이 그 골리앗을 상대해 보겠다고 요청한다.

"왕이시여 저에게는 믿음이 있습니다. 제가 믿는 신은 저를 항상 위기에서 구해 주셨고 또 사자와 곰을 물리칠 수 있게 해 주었습니다."

왕은 그가 계시받은 자처럼 느껴졌는지 그의 말을 허락했다. 나이도 어리고 키도 작은 다윗을 걱정했지만 그를 믿고 자기가 사용하는 군장비로 무장해 주었다.

하지만 다윗은 이런 무거운 군장비는 걷기조차 힘들다며 그것을 내려놓고 전쟁터로 갔다.

그렇게 나선 전쟁터에서 그는 단번에 승리했다. 무릿매라는 투석기 덕분이었다.

무슨 도구였는지 골리앗을 한 번에 눕힐 정도면 대단한 힘이었다. 무릿매는 줄에 돌을 매달아 뱅뱅 돌려 빠르게 돌을 던지는 도구다.

왕이 준비해 둔 검이나 장비를 마다하고 자신이 평소에 사자와 곰으로부터 양을 지킬 때 사용한 돌 던지기를 이용해 골리앗을 눕힌 것이다.

신앙이 깊은 그는 신이 자신에게 준 재능이 무엇인지 정확히 알고 있었다. 당대의 무기를 마다하고 자신이 갈고닦은 능력만을 사용한 것이다.

무릿매는 손잡이로부터 연결된 줄 끝에 돌을 장착할 수 있게 되어 있는데, 손잡이를 잡고 줄을 휙휙 돌려 원심력을 만든 뒤 순간 튕기듯 잡아채면 돌멩이가 빠른 속도로 나가는 도구였다.

중세시대에는 이를 '슬링거'라 불렀으며 우리나라에서는 보통 물매라 불렀다.

손잡이를 대신한 골프그립, 돌멩이를 대신한 클럽 헤드, 그리고 그 사이 줄처럼 연결되어 있는 샤프트는 던지기 도구인 무릿매와 닮았다.


## 구심력과 원심력


　다윗이 골리앗에 승리한 무릿매의 원리는 원심력이
다. 골프에도 이런 원리가 작용한다. 즉, 그립을 잡은
손과 몸은 구심점이 되고 헤드는 돌팔매의 돌처럼 원심
력을 받는다.


그림(2) 원심력 원운동

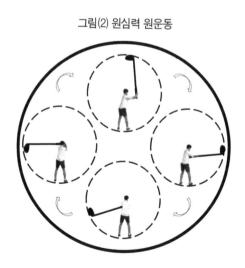

좋은 골프 스윙은 위의 그림과 같이 클럽이 힘을 잃지 않도록 하는 원운동을 중심으로 하며, 이에 필요한 구심력과 원심력이 연쇄적으로 생긴다.

이 단순한 원리를 이해한다면 골프를 칠 때마다 들려오는 훈수들을 분별하고 자신만의 중심 있는 골프를 할 수 있을 것이다.

즉, 구심점에만 힘을 가하고 원심력을 받는 클럽은 자연의 힘에 이끌리도록 편히 두면 된다.

이를 통해 골퍼는 힘을 주고 빼는 타이밍과 중요한 순간에 어떤 힘이 집중적으로 사용되는지와 같은 무의식적인 인지능력이 향상된다.

그러므로 골퍼가 스윙 도중 일어나는 모든 움직임을 구심력(힘을 사용하는 곳)과 원심력(힘을 받는 곳)으로 이해한다면 고수의 움직임을 습득할 수 있다. 물론 골프 스윙은 자동차 기어가 맞물리듯 단계적 작동을 하는데 이를 자세히 살펴보면 다음과 같다.

## 구심점 1, 손과 헤드

먼저 골프채는 그립과 헤드로 나뉜다. 그립은 사람의 손잡이고 헤드는 공을 치는 면이다. 따라서 헤드에는 강한 힘이 생겨야 하고 그 힘은 그립으로부터 생긴다. 그립이 최초의 구심점이 되는 것이다.

이를 위해 왼손 손날부분인 콩알뼈(두상골)로 그립을 위에서 아래로 눌러 클럽 헤드를 끌어올리는 방식으로 그립을 취한다면 손날과 손가락이 만든 지렛대 원리로 그립의 구심점 역할이 단단히 된다.

왼손을 지렛대로 취하는 그립법은 다음과 같다.

1. 왼손 가운데 손가락과 왼손 손날(두상골)에 클럽을 거치한다.

2. 그 후 손날을 이용해 위에서 아래로 클럽을 눌러 낚시하듯 클럽 헤드를 끌어올린다.

이때 중요한 것은 이것이 잘되는지 확인하려 손바닥을 보아서는 안 된다. '손바닥'을 위에서 아래로 보는 순간 손바닥이 뒤집혀 그 상태로 그립이 잡힐 가능성이 크다. 따라서 보이지 않는 것을 믿어야 복이 있는 것처럼 훌륭한 그립은 시각이 아닌 촉각으로 할 수 있다.

그림⑶ 왼손 그립

이는 클럽이 빠져나가지 않도록 견고하면서도 무게를 느낄 수 있는 그립법이다.

손날과 손가락이 클럽을 집은 것처럼 굳이 클럽을 쥐어 잡지 않아도 충분한 힘이 설정된다.

지렛대 원리인 위에서 아래로, 아래서 위로 동시적인 힘이 생겼기 때문이다. 이를 중심으로 클럽 헤드는 내려오고(떨어지고), 회전하고, 올라온다.

이를 '롤'(roll)이라 표현하며 이는 클럽 속도를 상당히 올려 준다.


## 구심점 2, 양손이 하나로

왼손이 견고히 잡혀 클럽은 빠르게 회전하지만 왼손 스스로는 동력을 만들기 어렵다. 그래서 오른손으로부터 힘 전달이 필요하다.

따라서 양손이 하나로 모여 구심점이 되어 줄 수 있어야 하는데, 양손의 압력이 한곳으로 모일 때 클럽은 그로부터 가속화된다.

이를 위해 오른손은 클럽을 쥐기보다 적극적으로 그립에 밀착되어 지렛대의 받침대 역할이 되면 좋다.

오른손이 받치고 있다가 미는 힘, 왼손이 당기는 힘이 한곳으로 모인다면 지렛대효과로 인해 구심력이 단단해지기 때문이다.

그림(4) 양손의 압력을 한곳으로

**양손의 압력을 그립 끝으로**

## 구심점 3, 팔이 손을

물론 손의 힘을 모으기 위해서는 그 위에 있는 팔의 움직임이 필요하다. 팔은 두 개의 뼈로 나눠지는데 엄지손가락 쪽을 노뼈라 하고, 새끼손가락 쪽을 자뼈라 한다.

공을 치기 전 골퍼의 자세는 노뼈가 위에 있고 자뼈는 아래에 위치한다.

이를 골프 클럽 관점에서 본다면 골프 클럽 헤드의 윗부분을 토우(toe)라 하고 아랫부분을 힐(heel)이라 하는데 공을 치기 전 토우는 위에 있으며 힐은 아래에 위치한다.

그러므로 감각적인 면에서 토우와 일치되는 팔은 노뼈가 되며(엄지검지) 힐 부분과 일치되는 것은 자뼈가 된다(소지, 약지, 중지).

여기에 그립과 샤프트는 헤드로부터 가장 안쪽인 '힐' 쪽에 꽂혀 있으니 사람의 힘이 가해져야 할 곳이 어디인지를 짐작할 수 있다.

그림(5) 자뼈부분(하단)이 노뼈를(헤드 토우)를
운동시키는 원리

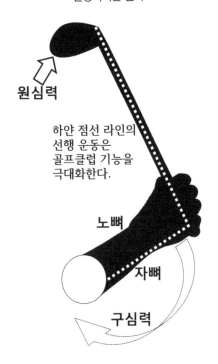

원심력

하얀 점선 라인의
선행 운동은
골프클럽 기능을
극대화한다.

노뼈

자뼈

구심력

결국 원심력이란 끝에서부터 끝이 운동되는 원리이
기에 골프 클럽의 기능을 극대화하려면 하얀 점선 라인
인 자뼈 쪽에서의 운동이 먼저 시작되어야 한다.

## 구심점 4, 어깨에 달린 팔

그렇다면 손을 움직이는 팔은 어디로부터 움직일까?

그 위에 있는 어깨 관절이 유력해 보인다. 그러나 주의할 점이 있다. 스윙 중 어깨는 하나의 축 역할을 해야 한다.

마치 그네를 탈 때 그네 위에 있는 기둥처럼 높이를 유지하는 것이다.

어깨가 밑으로 내려가면 클럽도 지나치게 내려가 땅을 칠 것이며, 어깨가 위로 올라가면 위축되어 공에 윗부분을 칠 것이다.

따라서 어깨의 높낮이는 공을 정확히 맞히는 것에 기여한다.

하지만 어깨 높이를 고정한다고 해서 어깨를 부동(不動)할 필요는 없다. 올라간 클럽이 중력의 힘으로 순수하게 내려와야(down swing) 되므로 어깨는 이완되어야 한다. 편히 두었을 때 어깨는 자연 섭리에 따라 제 역할인 회전의 기능을 다할 것이다. 이를 위해 예로부터 훌륭한 선생님들은 어깨의 욕심을 내려놓으라고 했었다.


## 구심점 5, 골반으로 움직이는 팔

어깨를 이완한 뒤 팔을 움직이게 할 수 있는 힘은 하체에 있다. 그 중 몸 가운데 있는 골반은 인체 중심으로 상하체의 유기적인 움직임을 연계한다.

골반 주변은 '코어'라는 중심이 자리 잡고 있어 파워를 만드는 저장소라 불리기도 한다. 따라서 공을 칠 때 골반을 이용하면 강력한 파워가 나온다.

골프 스윙 시 골반은 좌우 회전을 통해 클럽에게 힘을 전하는데 이를 통해 헤드의 원심력을 높일 수 있다.

하지만 일반적으로 골반을 사용한다는 것 자체에는 어려움이 따른다. 골반의 힘이 클럽에 전달되는 느낌이 들지 않기 때문이다. 왜 그럴까?

## 구심점 6, 골반을 사용하게 해 주는 지면과 발

인간이 땅으로부터 온 존재라서 그런지 땅바닥이 없으면 골반은 무용지물된다. 즉, 지면으로부터 올라오는 힘이 없으면 아무런 힘을 쓸 수 없다. 따라서 골반은 지면과 직접 맞닿은 근육들의 도움을 받아야 한다.

이는 발부터 시작해 천골이 있는 엉덩이까지를 말하는데, 몸이 지면에서 밀려나지 않게 버티고, 그 버틴 힘을 역이용해 큰 힘을 발산하기도 한다.

따라서 지면과 연결된 힘이 있어야만 골반의 회전운동을 제대로 활용할 수 있다.

흔히 말하는 골반 턴, 힙 턴, 레그 턴 같은 말들도 지면으로부터 힘을 얻어 방향을 전환시키는 운동을 말하며 여기서 '턴'(turn)이란 단순히 '돌리다' 의미가 아닌 스포츠 용어로 '힘과 방향의 전환'으로 이해하는 것이 좋다. 지면으로부터 몸과 클럽의 운동전환이 일어날 때 클럽 헤드의 원심력을 공에 실을 수 있기 때문이다.

## 구심점 결말

그렇다면 구심점은 어떻게 이해해야 할까? 골프 스윙은 작은 근육부터 큰 근육까지 부분적으로 구심점이 명확하지만 결국 이 모든 것은 지면으로부터 힘을 받아 움직일 때 제힘을 발휘한다. 따라서 익숙하지만 평소에 관심이 가지 않는 지면을 이용해야 골퍼는 큰 힘을 낼 수 있다. 아무리 팔과 상체, 골반이 멋진 폼을 갖추더라도 지면이 없었다면 힘은 없는 것이다.

이를 정리하면 '힘의 순서' 혹은 '힘의 진행'이라 할 수 있는데, 유능한 볼 스트라이커 벤 호건(Ben Hogan)은 이런 말을 남겼다.

"두 손은 클럽을 쥘 뿐 클럽을 휘두르는 것은 팔이다. 그리고 그 팔은 몸에 의해서 휘둘러진다."

손으로 클럽을 휘두르는 것 같지만 그 손은 팔에 의해 움직이고 또 그 팔은 몸에 의해 연쇄적으로 움직인다는 말이다.

이 명언에 과학적 사실을 첨언하면 팔을 휘두르기 위한 몸은, 지면과 맞닿은 다리로부터 힘을 공급받아야 한다. 그러므로 스윙을 잘하려면 손에서부터 발까지, 그리고 다시 발에서부터 손까지 이어지는 유기적인 힘이 이용되어야 할 것이다.

그림(6) 스윙 중 힘의 순서

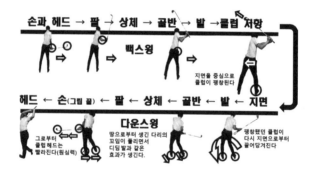

결국 원심력을 만들려면 클럽 헤드가 그립으로부터 끌어당겨져야 하는데 그 힘을 지면과 하체로부터 얻는다면 더 큰 힘이 사용될 수 있다.

간단히 창던지기 선수나 야구의 투수, 무릿매를 돌리는 등 모든 던지기 동작에는 자연스레 땅을 딛고 그로부터 몸을 움직이는 힘이 사용된다. 골프 클럽을 다루는 것 역시 다르지 않다. 스윙 중 높아지는 가장 작은 헤드는 낮지만 가장 큰 지면으로부터 힘을 얻어야만 강건해진다.

이는 하나의 운동 원리지만 우리 삶의 힌트를 주는 것 같다.

삶에 있어 자신의 구심점이 무엇인지 생각해 봐야 할 것은 그것으로 인해 커다란 흐름이 결정되기 때문이다. 자신이 매일 마주하는 세계관으로 인생이 바뀐다는 것은 거부할 수 없는 사실이기에 이왕이면 자신을 긍정적 방향으로 움직이게 하는 구심점을 선택해야 할 것이다. 물론 그것이 눈에 보이는 것이면 좋겠지만 골프 스윙에 필요한 최고의 구심점이 보이지 않는 발과 지면인 것처럼 돈이나 물질, 명예 그리고 자신을 따르라는 유명인사와 같은 구심점보다는 지면과 같이 가장 낮은 곳에서 우리를 힘 있게 해 줄 그런 구심점이 있을지 모른다. 그렇게 늘 우리와 함께하는 커다란 힘, 혹은 자신만이 갖고 있는 재능을 구심점 삼아 삶을 살아간다면 우리는 지난날보다 나은, 큰 원심력으로 지렛대의 도움을 받아 두 배, 세 배 결실을 맺으며 살아갈 것이다.

# 제2권

# 중력과 골프
# (가속과 던지기 운동)

우리는 중력으로 땅에 묶여 있다. 그런데 만약 중력이 멈추면 어떻게 될까?

어쩌면 하늘을 날게 될지도 모른다. 기쁘고 가벼운 마음으로. (등가 원리)

이와 같이 무언가를 투사(投射)하는 것, 우리가 쥐고 있던 것을 놓아주는 것은 하늘로 비상시키듯 자유를 부여하는 것과 같다.

## 가속 운동

골프는 가속 운동이다. 실제로 공이 맞는 순간 클럽 헤드 속도가 느리면 공이나 잔디에 마찰로 볼이 나가지 못한다.[1] 공이 날아갈 때도 가속으로 출발되어야 균형을 잃지 않고 바로 간다. 자전거를 탈 때 페달을 밟아야 넘어지지 않는 것과 같다. 그렇다면 가속은 어디서부터 시작될까?

19세기 한 과학자는 우리가 사는 곳이 큰 가속으로 움직인다고 했다. 이 노벨상 수상자의 주장은 흥미롭

---

1 클럽 헤드로 공을 치는 순간 클럽 헤드는 작용반작용으로 밀려난다. 이를 극복하기 위한 가속이 필요하다.

다. 중력이 생기는 요인이 태양이 만들어 놓은 중력장으로 지구가 끌려갈 때 생기는 역가속이라는 것이다. '등가 원리' 이론이다.

승강기에 탑승해 올라가기 시작하면 발이 바닥에 달라붙는 느낌이 난다. 사람은 가만히 있지만 아래서 위로 올라오는 승강기 덕분이다. 아인슈타인에 따르면 중력이 이렇게 움직인다고 한다.

또 올라가던 승강기가 멈추면 밀착됐던 힘이 사라지면서 잠시지만 하늘로 비상하는 느낌이 든다. 올라가던 관성이 남아서 그렇다. 따라서 만약 승강기가 더 빠른 속도로 움직인 뒤 더 순간적으로 멈췄다면 실제로 바닥에서 발이 떨어져 잠시지만 하늘을 나는 자유를 경험했을 것이다.

그렇다면 가속으로 움직이는 지구의 움직임이 멈춘다면? 우리는 자유로워질까?

현대에 와서 중력은 서로 당기는 만유인력에서 등가원리(상대성이론)까지 설명되고 있다. 골프에서는 이

두 가지 모두가 해당되는데, 골퍼가 결정적으로 스피드를 낼 때는 끌어당기는 힘이 필요하고 그 안에 자세한 원리에는 등가 원리가 숨어 있다.

예를 들어 물병 안에 들어 있는 물을 흔들어 내보낼 때, 물병을 아래로 흔들면 물은 물병 위에 붙었다 아래로 쏟아진다. 골프 클럽도 공을 치기 전 헤드가 샤프트에 맞물리듯 붙었다 나아간다면 세찬 힘이 생긴다.

즉 중력의 원리는 클럽가속의 비밀을 내포하고 있다.

그렇다면 고수들은 이러한 중력 감각을 이끌기 위해 어떠한 움직임을 취할까? 그들이 스윙하는 동작을 살펴보자. 어떤 방식으로 움직이기에 클럽이 가속화되는지, 중력을 어떤 방식으로 사용하는지 말이다. 다음 세 가지 움직임은 프로 골퍼들에게서 나타나는 공통점이다.

## 중력 이용하기 1(왼팔)

고수들은 왼팔을 중력과 같은 방향으로 움직인다. 특

히 다운스윙이 시작될 때 수직으로 내려오게 되는데, 이를 따라하다 보면 딜레마에 빠지기 쉽다. 클럽이 땅에 닿게 되거나 자기 몸을 향해 내려오기 때문이다.

그래서 팔이 내려올 때 허리를 뒤로 회전하지 않으면 왼팔을 수직으로 내리면서 공을 타격할 수 없다. 그러므로 왼팔은 수직으로 내려오되 허리는 뒤로 회전해야 한다.

그림(7) 왼팔의 움직임

**왼팔은 위아래(수직)**
**왼쪽 다리와 골반은 회전(수평)**

이는 골프를 처음 배우는 사람에게 골프 스윙 특성인 수직운동과 수평운동의 조화를 알려 준다.

큰 몸의 수평운동은 팔과 클럽이 중력과 함께하는 수직운동을 돕는다. 따라서 몸이 회전되지 않으면 왼팔의 수직력과 클럽의 탄성을 공에 전할 수 없다. 그래서 고수들은 왼 다리와 골반이 항상 이완되어 회전을 준비한다.


## 중력 이용하기 2(오른팔)

이뿐만이 아니다. 프로 골퍼들의 동작을 보면 왼팔이 수직으로 내려옴과 더불어 오른팔 움직임이 신비하다. 이들은 다운스윙 때 오른팔이 굽혀진 상태로 오른쪽 옆구리 라인을 따라 내려온다.

여기서 오른팔은 중대한 역할을 하는데 가속도 법칙으로 왼팔과 클럽에 힘을 실어 준다.

'가속도 법칙'이란 가속도는 질량에 반비례하고 힘에 비례한다는 운동 제2법칙이다. 즉, 운동하는 방향에 힘을 더해 주면 속도가 빨라진다는 뜻이다.

이는 그네를 떠올릴 수 있다. 아버지가 사랑하는 딸의 그네를 재미있게 밀어 주려면 그네가 뒤로 왔다 돌아가려는 순간 밀어야 한다.

만약 그가 자신을 향하여 오는 그네를 밀어 버린다면 그네는 철거덕 하며 균형과 속도를 잃을 것이다. 여기에 팔을 쭉 편 채로 그네를 밀려 하면 딸은 운동 감각이 없는 아빠에게 신뢰를 잃을지도 모른다. 그래서 오른팔이 왼팔을 밀 때는 굽힌 상태가 좋다.

프로 골퍼들의 임팩트 모양을 보면 오른 손목이 마치 큰 차를 밀듯 접혀 있는데, 이는 오른손에 잡는 힘이 아닌 클럽을 받쳤다가 다시 밀어내는 힘이 사용되기 때문이다. 오른손에 장갑을 끼지 않는 이유도 역시 같다.

## 중력 이용하기 3(다리)

왼팔의 수직 운동, 오른팔의 가속 운동(밀어내는 힘)과 더불어 다리의 움직임도 중요하다. 특히 발뒤꿈치의 움직임이다. 전설이 된 골퍼들의 스윙을 보면 순간적으로 무용하는 듯한 몸놀림을 엿볼 수 있다.

그들은 왼발 뒤꿈치를 들어 올린 뒤 오른발 뒤꿈치에 체중을 실었다가 그 힘을 역이용해 다시 왼발 뒤꿈치로 힘을 실어 클럽을 내려친다. 이를 '힐업' 동작이라 한다.

실례로 한국의 한 여성 프로는 힐업을 넘어서 다리 전체를 들었다가 공을 치는 행동을 드라이버샷에 선보인 바 있다. 보통 팔과 상체를 이용하는 것이 백스윙이지만 그녀는 발을 모은 뒤 오른발을 움직여 지면을 딛는 힘으로 백스윙했다. 그리고는 그 탄력을 이용해 클럽을 끌어내리며 왼발을 디딤과 동시에 공을 쳐냈다.

이런 스윙을 통해 그녀는 공을 15m 더 보낼 수 있었다.

이와 비슷하게 '낚시 스윙'으로 유명해진 한 남성 프

로는 오른발에서 왼발로 모든 힘을 실어 주는 스윙을 한다. 균형 잡힌 모습이 아닌 왼발을 중심으로 빙그르르 돌며 클럽을 낚시하듯 위로 들어 올리는 동작으로 스윙을 마무리한다. 이러한 낚시 스윙은 그의 공을 20yd 이상 더 보내 주었다.

많은 골퍼들도 이만큼은 아니지만 오른발과 왼발의 움직임을 이용한다.

왜 오른발의 체중, 왼발의 체중이 실리면 비거리가 증가하는 걸까?

이는 중력이 이용되는 원리다. 중력은 위에서 아래로 힘이 작용하는 만큼 그 반대인 위로도 힘이 작용되는데, 사람이 한쪽으로 체중을 디디면 순간적으로 그 힘에 비례하는 힘이 아래서 위로 올라온다.

따라서 좌우 리듬감 있는 오른발 왼발의 움직임은 지면반력을 더해 클럽의 운동을 거세게 한다.

그런데 이러한 역동적인 움직임을 고수들은 어떻게 구현하는 걸까? 이것을 모두 생각하면서도 골프공을 칠 수 있다는 말인가? 어디서부터 이 힘이 시작되었기에 자연스레 지면반력이 이용되며 힘찬 스윙을 하는 걸까?


## 중력을 이용한 '원운동'


이런 중요한 동작들이 나타나는 이유는 스윙(Swing)
운동을 통해 알 수 있다.

골프채를 휘두르는 동작을 골프 스윙(Golf Swing)이
라 하는데 여기서 스윙은 그네 원리를 담고 있다.

그림(8) 그네 운동

그네를 타듯 골프채도 사람 몸을 중심으로 운동한다. 이 운동력이 커지면 스윙 운동은 원운동으로 변한다.

그림⑼ 원운동으로의 발전

이러한 운동 속에 골프 스윙이 존재하는데, '원운동'의 특성은 선이 끊어지지 않고 이어지는 것에 있다. 마치 물레방아의 물레바퀴로 골프공을 치듯, 순리적인 힘과 일정한 흐름을 이용하는 것이다.

특히 원운동 중 클럽이 아래로 내려오는 부분에서 '중력'을 느끼면 원운동이 쉽게 진행되는데, 이렇게 되면 고수들의 스윙과 흡사해진다.

그림(10) 이어지는 원운동 중 중력이 시작되는 부분

이를 따라 움직이면 [중력 이용하기 1]과 같이 '왼팔'은 수직 라인으로 내려온다. 백스윙으로 올라가 있는 왼팔이 중력을 따라 그대로 내려오기 때문이다. 또한 원운동을 따라 왼팔을 내리려면 상대적으로 선행하는 골반은 회전을 통해 팔과 클럽이 원운동될 수 있도록 도와야 할 것이다.

더불어 [중력 이용하기 2]처럼 '오른팔'은 굽힌 상태로 왼팔과 클럽의 운동을 돕게 된다. 백스윙 때 굽혀져 있던 오른팔은 클럽과 밀착되어 속도를 높인다.

마지막으로 [중력 이용하기 3]인 다리 역시 원운동을 따라 움직이면 자연스레 지면반력과 허리의 역회전을 느낄 수 있다.

그림(11) 이어지는 원운동 중 발에서의 저항운동

'원운동'은 '스윙 운동'이라는 '그네 운동'에서 비롯된 것이기에 하나의 축이 있어야 한다. 특히 공을 치기 전 백스윙 때는 클럽에 저항하듯 오른발이 땅을 디디며 축이 되어야 하고, 다운스윙 후에는 클럽이 타깃 방향으로 원을 그릴 수 있게끔 왼발에서 힘을 디뎌야 한다.

이렇게 진행되는 원운동은 클럽의 궤도를 일정히 하고 또 그로부터 나타나는 클럽의 원심력은 골퍼에게 너무나도 멋진 폼을 선사한다.

본질적인 움직임이 골퍼를 멋진 스윙으로 이끄는 것이다.

하지만 정지된 상태에 익숙한 골퍼는 스윙의 원운동을 하기보다 "이 공을 어떻게 해야 실수하지 않고 맞힐 수 있지?"라는 생각이 앞선다.

이는 골퍼를 조급하게 하여 공 맞히기에 급급한 스윙을 하도록 한다.

또 실수를 피하고 완벽한 결과를 만들고자 골퍼는 멋진 폼을 갖춘 선수들의 특정 자세와 주위에서 말하는 완벽한 자세에 집착하게 되고 그것을 위해 알고 있던 모든 이론을 총동원하여 자신의 머릿속을 복잡하게 하는 경우가 종종 있다.

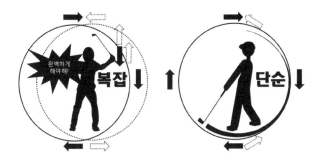

그림(12) 복잡한 스윙과 단순한 스윙

복잡한 스윙보다는 단순화된 스윙이 유용해 보인다. 선수들의 멋진 폼은 과정을 통해 나타난 결과라는 사실을 잊어서는 안 된다.

즉 우리가 집중해야 될 것은 특정 자세를 흉내 내는 것이 아닌 스포츠 혹은 운동의 본질이어야 한다. 운동 놀이의 본질은 목적지에 반응하는 사람의 과정이며 그것을 이루기 위해 자신이 할 수 있는 최선의 선택을 연속적으로 하는 것이라 할 수 있다. 따라서 다른 운동을 살피면 골프를 할 때에도 무엇에 집중해야 되는지 쉽게 이해된다.

예를 들어 달리기를 할 때, 자동차를 운전할 때, 축구공을 찰 때, 공을 던질 때 모두가 자신이 도달해야 할 목적지를 향해 집중해야 운동수행능력이 증가된다.

골퍼는 골프공을 자신이 보낼 수 있는 타깃으로 보내는 데 집중해야 되며 그것에 필요한 수단을 찾아 이행하는 것이 우선과제가 되어야 한다.

실제 우리는 박수를 칠 때 양손을 맞닿게 하려고 '내 손을 어떻게 움직이지?'라는 생각을 하기보다, 단지 '손바닥끼리 맞춰야겠다는 의식'이 우리의 손을 양옆으로 움직이게 하는 것을 알 수 있다.

골프에서도 스윙 시작과 백스윙이 이렇게 되어야 한다. 따라서 쉬운 골프를 위하여 골퍼는 우선순위를 명확히 할 필요가 있다.

| **'어려운 골퍼'의 우선순위** |
| --- |
| ① 백스윙을 완벽하게 하자. |
| ② 그리고 완벽한 자세로 다운스윙하자. |
| ③ 타깃으로 가겠지. |
| |
| 완벽한 백스윙 → 완벽한 자세의 다운스윙 → 목적지(타깃) |

| **'쉬운 골퍼'의 우선순위** |
| --- |
| ① 목적지(타깃)를 위하여 |
| ② 클럽이 운동되도록 |
| ③ 스윙을 시작한다. |
| |
| 목적지(타깃) → 수단 → 스윙시작 |

어려운 골퍼의 의식보다는 쉬운 골퍼의 의식이 조금 더 스포츠에 가까워 보인다. 이를 위하여 선행되어야 할 것은 타깃 의식이다.

## 타깃 지향 골프

인간에게 목적은 중요하다. 목적이 그에 따른 노력을 이끌기 때문이다.

타깃으로 공을 보내야 하는 골프의 목적을 위해 골퍼는 복잡함을 하나로 통합해야 한다. 세 가지 연결론이 그것이다.

먼저 '제1연결'은 사람과 골프 클럽의 연결이다. 골프 클럽이 사람의 구심력으로 원심력을 받는다면 제1연결이 성사된다.

두 번째 '제2연결'은 이러한 원심력 스윙과 공이 연결되는 것이다. 올바른 스윙임에도 공이 임팩트되지 못한다면 아무런 의미가 없다. 본인 스윙에 공이 맞는 것이 제2연결이다.

마지막 '제3연결'은 이 모두가 '타깃'과 연결되는 것이다. 결국 '타깃'이라는 목적이 제1연결과 제2연결을 이끌어내야 성공적인 골프 스윙이 된다.

이는 골프가 아니더라도 마찬가지다. 인간은 보고 생

각하는 곳으로 반응한다. 어디로 가야 할지를 명확히 하고, 그 목적에 대한 신뢰를 가지고 나아갈 때 인간의 모든 잠재력이 발휘된다.

"최경주 프로는 한국에서 정상에 오른 뒤 미국 무대에 도전했다.

여자 선수와는 달리 신체 조건에서 많은 차이가 나는 남자 선수들은 동양인으로서 미국 무대 성공 확률이 굉장히 낮게 평가되어 있었다. 하지만 그는 공을 정확히 맞히는 능력과 일관성, 그리고 탁월한 숏게임을 앞세워 정상 선수들과 어깨를 나란히 했다. 그의 신앙심과 할 수 있다는 믿음, 그리고 사명감은 그를 주눅 들지 않게 하였으며 끝내 성공의 길로 이끌었다."

그렇다. 현재 상태가 비천해 보일지라도, 목적을 달성할 수 있는 능력이 없다고 느껴지더라도 목적의식은 늘 함께해야 한다. 그로부터 희망, 열정, 태도 등이 바뀌어 사람의 역사 또한 바뀐다.

농구를 할 때에도 선수는 링을 바라보며 공을 던져야 공이 링에 근접하고, 축구나 야구에서도 타깃으로 몸이 반응해야 그곳으로 공이 잘 간다. 신이 인간에게 준 선물이기도 하다. 물론 골프는 이것이 어렵다. 공은 선수의 발아래 있고, 타깃이 멀리 있기 때문에 타깃을 보면서 공을 칠 수 없다. 게다가 골프에는 많은 이론이 있어, 골퍼들은 타깃보다 자세에 집착하는 경우가 흔하다. 그래서 라운드 전까지 준비를 열심히 해도 그것이 결과로 나타나지 않는다. 타깃에서 멀어졌기 때문이다.

그렇다면 어떻게 타깃과 자신의 행동을 연결시킬 수 있을까? 타깃을 위한 다운스윙을, 다운스윙을 위한 백스윙은 어떻게 연결될까?

앞서 봤던 원운동이 그 해답이다. 공의 비구선과 자신의 스윙이 일치된다면 그것이 가능하다.

## 타깃과 골프 스윙을 연결하는 법

타깃과 연결되는 스윙궤적은 다운스윙 때다. 그러므로 골퍼는 '다운스윙'이 그리는 '원'의 선을 타깃라인과 '평행'되도록 해야 한다.

그림(13) 타깃 라인과 평행인 원을 따라 운동되는 골프 클럽

위 그림은 사람이 서 있는 곳에서 공을 아래에 두고 원운동하는 자세이다. 공이 놓여 있는 곳에서 공이 나

가야 할 타깃이 직선으로 연결되고, 여기에 '평행'으로
스윙의 원심력을 만들어 공을 타격하는 시스템이다.

---

**'원운동' 그림 순서풀이**

① 준비 자세다. 긍정적인 상상을 한다.

② 임팩트를 예상한 뒤 그것에 필요한 동력을 얻는다.

③ 모든 힘을 빼고 중력을 느낀다.

④ 중력을 중심으로 양손을 가운데로 모아 지렛대 임팩트를 한다.

⑤ 모아진 힘으로부터 헤드 끝이 강해져 클럽이 ⌣ 원을 그린다.

⑥ 클럽 샤프트가 등에 도착하면 오른다리를 돌려 피니시한다.

---

물론 골프 스윙을 전후면이 아닌 측면으로 바라보면 수직적인 원이 아닌 대각선(\)으로 뉘어 보인다.[2] 처음부터 골프 클럽이 대각으로 기울어져 있었으며 옆으로 서 있는 골퍼에게 회전운동이 일어나는 골프 스윙 특성상 그럴 수밖에 없다.

그러므로 여기서 말하는 원은 완벽한 원의 모양을 그리는 것에 집중하는 것이 아닌 원운동이라는 운동의 특성을 이해하고 활용하는 데 있다.

어느 한쪽으로 치우치지 않고 좌우 위아래가 균등한 원운동은 골퍼에게 올라가면 내려오고, 내려가면 올라오며 오른쪽으로 가면 왼쪽으로 가고, 왼쪽으로 가면 오른쪽으로 운동되는 균형 잡힌 스윙을 할 수 있도록 한다.

그러므로 위와 같은 운동법은 보는 사람이 아닌 '골프

---

2 만약 스윙 중 클럽의 원심력이 생기지 않거나, 몸의 공간 확보 (허리 회전) 동작이 원활하지 않다면 눈에 보이는 대각선 원으로 스윙하는 것이 단기적으로 좋다.
(허리 회전이 원활해질 때까지)

를 치는 사람' 관점에서 전용된다.

타깃을 지향하는 이 스윙은 '타깃', '공', '스윙', 세 가지가 연결되어 스윙을 간결화하는 장점이 있다.

그리고 이러한 스윙 운동에 가속을 더하면 지고(至高)한 손맛과 비거리를 얻는데, 특히 던지기 운동이 가속에 큰 도움이 된다.

던지기 운동을 살펴보면 그 속에 바운스가 있다는 사실을 알게 되는데, 바운스는 제2권을 시작하면서 보았던 '등가 원리'를 중심으로 한다.


## 골프 핵심 원리 바운스(던지기 기술)

'바운스'는 내려간 힘으로 다시 올라오는 걸 말한다. 공이 땅에 던져지면 그 힘만큼 다시 튕겨 오르는데 그것이 바운스다.

골프에서 아이언클럽 헤드 밑면의 각도 바운스 각이라 불린다. 이는 클럽 헤드 밑면이 땅에 닿았다 떨어지는 과정이 있음을 의미한다. 왜 그렇게 될까?

보통 땅에 딱 달라붙어 있는 공을 높이 띄워 보내는 것이 골프라는 것을 우리는 안다.

그리고 그 공을 높이 띄우려면 공의 밑면을 아래서 위로 쳐야 하는 것도 안다. 하지만 그렇게 할 수 없다. 아니 불가능하다. 현실적으로 공의 밑면에는 땅이 있기에 땅을 파면서까지 공의 밑면을 칠 순 없다.

따라서 헤드를 밑으로 떨어트려 공이 튕겨 올라오게 하는 방법을 택해야 한다. 헤드가 공이 있는 곳으로 바운스되면 공이 위로 비상할 수 있기 때문이다.

실제 골프 선수들이 공과 잔디를 동시에 쳐낼 수 있는 것도 이러한 원리가 적용되기 때문이다.

그런데 바운스를 이용하는 감각은 무언가를 던지는 감각과 유사하다. 이는 무릿매라는 투석기(던지기 도구)를 통해 볼 수 있는데 무릿매는 줄 끝에 돌이 장착되고, 그 돌은 반대편 손잡이로부터 팽창되어 원운동한다.

이때 팽창된 줄을, 중심으로부터 낚아채면 끝에서 운

동되던 돌은 '휙' 하고 날아간다. 실이나 줄 끝에 돌을
메달아 그 돌을 튕겨 내보내는 것과 같다.

이처럼 골프 클럽도 빠르게 끌려 내려오다가 다리가
땅을 지지하는 힘과 만나면 클럽 헤드가 던져진다.

그림(14) 이어지는 원운동 중 바운스 던지기

이것이 던지기의 비법이다. 바운스 감각은 던지기
(release)를 만든다.

이 신명 나는 감각은 구력이 오래되면 자연스레 습득되기도 한다. 이 감각이 골프채를 쉽게 내보내도록 하기 때문이다. 사실 골프 클럽의 킥 포인트도 이를 위해 존재한다.

그림(15) 킥 포인트가 좌우, 위아래로 운동하는 모습

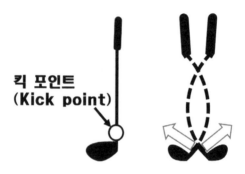

야구 방망이와 달리 골프채는 두꺼운 그립에서 헤드 부분까지 샤프트가 점점 얇아진다. 이 얇은 끝부분에 헤드가 끼워져 있는데, 이 부분을 킥 포인트(kick point)라 한다. 이 부분이 스윙 중 잘 휘어지는 곳이다. 그러므로 킥 포인트를 이용하면 많은 에너지를 축적할 수 있다.

마치 총알을 장전하듯 스윙의 힘을 장전하는 것이다.

그림(16) 임팩트 전 레깅(lagging) 동작

그리고 축적된 에너지를 '발산'시키면 스윙은 더할 나위 없이 온전해진다. 하늘을 날 듯 클럽이 땅으로 날아간다. 던지기 원리다.

그림(17) 관성력

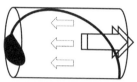
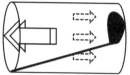

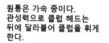

원통은 가속 중이다.
관성력으로 클럽 헤드는
뒤에 달라붙어 클럽을 휘게
한다.

원통의 운동방향이 바뀌면서
힘이 멈춰지면, 달라붙어 있던
클럽 헤드가 펴지며 가속화된
다.

　버스가 전진하다가 멈추면 서 있던 사람이나 물건들이 앞으로 쏠리는 것처럼 던지기 원리는 이러한 '관성력'을 중시한다. 그래서

① 백스윙 후

② 중력과 함께 내려오는 클럽과, 같은 방향으로 힘을 쓰다가 지면으로부터 '탁' 멈춰지듯 클럽을 떨구듯(toss되듯) 바운스하면

③ 저항하듯, 밀착되어 뒤따라오던 클럽 헤드는 아래로 던져진 후 타깃으로 운동된다. 즉 움직이지만 멈출 줄 알아야 하고, 멈추지만 움직이도록 해야 한다.

그림(18) 이어지는 원운동 중 릴리즈

놓아주면 타깃으로 간다.

공을 기점으로 하여 관성력을 바탕으로 한 바운스 던지기가 된다면 임팩트 때 힘이 실릴 것이다. 또 이로부터 생겨난 반작용은 손과 팔의 완충작용을 더하여 기분을 좋게 한다.

원활한 작용과 반작용은 스윙의 좌우대칭을 만들어 스윙 궤적을 완성시키는 효과도 있다.

이러한 균형 있는 힘은 하늘과 땅이 갈라지고, 뭍과 물이 갈라진 태초부터 존재했음으로 우리 몸에도 이 감각이 존재한다.

『골프, 이 책을 미리 알았더라면』에서는 이를 진동이

라 하여 '흔들기' 방법으로 표현되어 있다.[3]

타악기의 진동이 힘을 빼고 채로 '탁' 쳤을 때 나타나는 것처럼 사람이 클럽을 그렇게 다룰 때 강한 힘이 생긴다. 선수들도 이 감각을 잘 이용하는데 강한 타격을 즐기는 선수들은 큰 바운스를 일으켜 공을 친 뒤에도 클럽의 진동을 느낄 수 있다. 마치 현악기 줄이 튕겨진 것처럼.

---

3  김준식(2019). 『골프, 이 책을 미리 알았더라면』 좋은땅 출판사.

## 바운스가 주는 선물

여기서 말하는 스윙 중 바운스는 임팩트 감각을 말하는데 이를 다양한 문장으로 표현하면 다음과 같다.

---

### 임팩트 감각(바운스)

- 내려간 힘으로 올라오는 힘(하체)
- 활시위 혹은 고무줄을 팽팽히 당긴 뒤 그것이 다시 풀릴 때 느껴지는 힘
- 진동과 같은 짧지만 울림이 있는 힘
- 그립 끝인 왼손을 타깃 반대로 가속화시키는 힘
- 스윙 중 팔과 다리가 교차하여 한곳으로(가운데로) 힘이 모인 뒤 그로부터 다시 클럽이 발산될 때 느껴지는 감각
- 왼손과 클럽이 내려가고 있을 때 오른손에서 한 번 더 힘을 가해 순간 땅으로 클럽과 왼팔이 던져지는 감각
- 원운동 중 클럽의 무게감이 최저점에 다다랐을 때의 감각

---

위와 같은 감각은 순간적인 지렛대가 사용되는 감각으로써 이를 통하여 사람 힘은 '최소화' 클럽 힘은 '극대화'라는 골퍼의 궁극적 목적을 달성할 수 있다.

이 힘은 진폭과 같아 노래 할 때도, 악기를 켜거나 두드릴 때도 사용되는 감각이다. 목소리 좋은 사람들도 은연중에 공기를 몸 안에 바운스시켜 소리를 공명한다. 일상적이지만 울림이 있는 예술적인 힘이다.

그래서 때로는 모차르트가 음악을 작곡하기 전 앞으로 창작할 음악에 대해 선명히 그려지듯, 바운스는 골퍼에게 클럽이 던져져 임팩트되는 것을 형상화하도록 돕는다. 바운스라는 운동은 직관적인 신경과 함께하기 때문이며 바운스라는 하이라이트를 위해 스윙이 시작되므로 목적성이 분명해지기 때문이다.


홈런 타자가 홈런 칠 때 공이 커 보이는 것처럼, 삶의 중요한 순간들이 천천히 보이는 것처럼, 골퍼의 자신감이 바운스와 함께 생겨난다.

분명 바운스는 사람이 가진 최고의 운동기술이다.

## 보이는 힘과 보이지 않는 힘,
## '몸의 기억'과 '클럽의 운동력'

그림(19) 이어지는 원운동 안에서 운동되는 골프 클럽

이 원운동은 골프 이론을 정리하는 데 도움이 된다. 다운스윙의 길을 확실히 할 수 있고, 실제 스윙에 곧바로 적용된다. 그런데 공을 쳐야 하는 긴박한 상황에서는 보다 효율적인 방법이 필요하다. 그것은 부담 없이 '나도 할 수 있다'와 같은 효능감이 생기는 방법이어야 할 것이다. 그중 하나는 스윙에 있어 반만 생각하는 것

이다.

다행히 사람이 하는 일은 51:49 법칙처럼 반 이상만 노력하면 나머지가 채워지기도 한다. 골프 스윙이 그렇다.

그림(20) 원운동 중 반원 모습

전체를 생각하기보다 공이 있는 임팩트까지 집중하는 방법이다. 임팩트까지 집중하면 자신이 언제 어디서

힘을 써야 하는지에 대한 의식이 발달하여 스윙의 기준 점을 확실히 할 수 있다.

이와 함께 골퍼는 힘을 쓰기 위한 노하우가 필요한데 그 방법은 두 가지다. 보이는 힘과 보이지 않는 힘이다.

어느 날 골프 강사인 나에게 강습받던 구력 40여 년의 90세를 앞둔 노부가 말하길, 세상에는 보이는 것과 보이지 않는 것이 있다 했다. 그의 말은 항상 인상 깊었는데, 그는 나에게 보이는 돈보다 보이지 않는 돈을 벌어 놓으라는 의미심장한 말을 하고는 했었다.

그런데 힘이라는 것도 보이는 힘과 보이지 않는 힘이 있다. 우리 눈에 보이거나 흔히 상식적으로 이해되는 힘이 '보이는 힘'이고, 분명 존재하지만 인간이 인지하지 못하는 힘을 '보이지 않는 힘'이라 한다.

백스윙을 하고 다운스윙을 하기 전 골퍼는 꼭 활시위를 당긴 듯한 자세를 취하게 되는데 이는 보이는 힘 중 하나이다.

그림(21) 활쏘기 원리의 골프 스윙

팽팽한 고무줄이 풀리면서 필요한 곳으로 에너지가 전달되는 활처럼 클럽이 몸으로부터 팽창되어 공이 있는 곳으로 풀려나간다. 이를 위해 골퍼는 몸을 중심으로 몸을 꼬듯 움직이며 팔을 곧게 펴야 할 것이다. 그리고 이 자세를 지키기 위해 많은 정성을 들여야 할 것이다.

그런데 여기서 나아가 골프의 명인들은 보이지 않는 힘을 이용하여 스윙을 단순화하는데, 그것은 '클럽'의 운동력이다.

그림(22) 스윙으로 움직이는 클럽의 운동력

스윙 운동이 커지면
'원운동'

앞서 봤던 그네 운동으로 시작해 원운동으로 이어지는 클럽의 움직임이다. 클럽은 생각보다 역동적으로 움직여진다. 또 일관되게 움직인다. 움직이는 과정에서 헤드는 그립과 샤프트로부터 회전 압력을 받아 스스로 에너지를 키운다.

하지만 아쉽게도 골퍼는 클럽의 움직임보다 자기 몸의 느낌과 동작의 정성을 쏟는 경우가 많다. 보이지 않는 클럽의 운동력보다는 자신이 기억하기 좋은 감각에 집중하는 것이다.

이러한 요인 때문인지 골퍼는 헤드 무게를 이용하여 커다란 모멘텀을 만들기보다 2초 안에 끝나는 짧은 스윙 속에서 무언가를 시도하려다 그것을 제대로 하지 못한 채 급급하게 공을 치기 바쁜 모습으로 스윙이 마무리되는 경우가 많다. 보이지 않지만 클럽의 일정한 운동력보다 일정하지 않음에도 눈에 보이고 기억되기 쉬운 몸 감각에 더 집중력을 할애하는 것이다.

아무래도 클럽을 운동시켜 공을 맞히고, 똑바로 보내야 하며 또 원하는 곳까지 보내야 하는 골프라는 어려운 게임에 도전하기보다 큰 실수를 피하고자 한 가지 생각에 기대어 의지 거리를 찾게 되는 인간의 나약한 면은 골프뿐만이 아니라 모든 분야에 깃들어 있기에 이는 어쩌면 당연한 것인지도 모르겠다.

하지만 가벼운 손잡이로부터 무겁게 설계된 클럽 헤드는 손쉽게 에너지를 만들 수 있도록 설계된 도구이다. 따라서 몸을 중심으로 왔다 갔다 하는 클럽의 운동력을 느끼는 것만으로 골퍼는 손쉽게 에너지를 창출할 수 있으며 축을 중심으로 일정하게 운동되는 일관성도 갖출 수 있다.

실제로 많은 골프의 명인들은 이를 위해 공을 치기 전 이완하는 시간을 갖는다.

그림(23) 이완, 클럽 헤드 관성운동

백스윙 시작 후,
공을 치기 전
모든 관절의
힘을 이완

백스윙 시작 후 모든 관절을 이완하면 사람 몸의 에너지는 0이 된다. 이때 골프 클럽은 사람 몸을 중심으로 팽창된 뒤 아주 잠시지만 제로점이 생긴 후 다시 다운 스윙 방향으로 가속을 시작한다.

①, ②, ③, ④, ⑤, ⑥, ⑦, ⑧, ⑨, ⑩과 같은 점진적인 속도로 가속화되면서 클럽이 공을 향해 달려가는 것이다.

그림(24) 이완된 가속

0에서 시작된 힘이 서서히 최고점에 이른다면 그 힘은 큰 임팩트를 일으킨다. 부여잡는 힘보다 움직이는 가속력을 선택하는 것이다.

즉, 헤드 무게를 통해 느껴지는 '보이지 않는 힘'이 충분히 생겼다고 믿는다면, 이제 인위적으로 힘을 만들 필요가 없다. 자연스레 만들어질 힘만으로도 충분하다.

따라서 이를 활용한다면 많은 힘을 들이지 않고도 부드럽게 큰 힘을 낼 수 있다.


## 최대 비거리를 위한 운동 법칙

물론 우리는 고수들처럼 몸을 조절하기 어렵다. 숙련되지 않아서다. 하지만 다음과 같은 가속의 법칙을 이해한다면 언젠가는 골프 스윙의 명인이 되어 있을 것이다.

수차례 넘어진 끝에 걸음마에 성공하고 뒤뚱뒤뚱 걷다가 이제 뛰기까지 할 수 있는 우리는 무한한 잠재력을 지니고 있다.

최고 비거리를 위한 방법은 운동 제2법칙인 가속도 법칙을 꿰뚫어야 한다.

앞서 [중력 이용하기 2]에서 보았듯 가속도는 주어진

힘에 비례하고 질량에 반비례한다고 했는데, 이를 쉽게 풀이하면 이미 운동되고 있는 방향으로 자신의 힘이 들어가야 가속이 더해진다는 뜻이다.

골프에 대입하면 백스윙으로 올라가고 있는 클럽에 사람 힘이 개입되면(백스윙이 충분히 안 된 상태에서 빨리 치려는 동작이 나오면), 오히려 전체적인 속도가 줄어들어 손해를 본다는 뜻이다. 이에 백스윙에서는 힘을 모으고 있다가, 클럽이 다시 밑으로 내려오기 시작할 때부터 사람의 힘이 더해져야 클럽 속도가 증가된다. 즉 중력과 함께 움직여야 큰 비거리를 낼 수 있다. 그러므로 골프 힘의 순서는 다음과 같다.

**사람의 힘**(백스윙 시작) → **중력**(기다림) → **사람의 힘**(임팩트)

백스윙을 할 때는 중력에 저항하듯 힘차게 해도 좋지만 다운스윙은 중력에 저항하기보다, 올라간 클럽이 다시 밑으로 내려오려 할 때, 그 순간 중력과 함께해야 최고의 클럽 속도를 낼 수 있다.

그림(25) 원운동 중 사람의 힘이 더해지도록

잠깐의 휴지를 갖고 몸의 힘을 비워 제자리로 돌아오는 클럽의 무게를 느낄 때, 위로부터 내려오는 무한한 에너지와 자동으로 움직이는 클럽의 관성을 느낄 수 있으며 나아가 운동하는 클럽에 힘을 더할 수 있는 여지도 생긴다.

그때까지 중력이 클럽의 원심력을 만드는 구심력이

되어 준다면 골퍼에게 지상 최고의 가속을 더할 수 있는 기회가 주어지는 것이다. 그렇게 절대적인 힘의 기회는 인간의 힘을 내려놓을 때 나타나는데, 이를 철학적으로 풀이하면 다음과 같다.

"사람이 절대적인 힘을 구한 뒤 그 힘을 받아 자신의 힘을 더하면 사람은 최대 잠재력을 발휘한다."

## 공이 맞는 순간

공의 스피드가 빨라지더라도 공이 엉뚱한 곳으로 간다면 스피드의 의미는 사라진다. 즉 공이 멀리 갈수록 유리하긴 하지만 골프공 자체가 작고, 딱딱하며 동그랗기에 약간의 편심에도 잘 휘어진다.

그래서 골퍼는 공의 방향성을 정확히 하기 위해 골프공에 탄성력이라는 힘을 가할 수 있어야 한다.

공이 눌렸다 펴지는 탄성복원력은 골프에서 유일하

게 곧은 힘이기 때문이다.

　골프 스윙을 잘 살피면 클럽은 기울어져 있고 한쪽으로 회전되며 사람 역시 목표로부터 측면에 위치하여 골프공을 치게 되는 등 골프에서는 생각보다 직선방향으로 운동하는 힘을 찾기 힘들지만 오직 이 탄성만은 공을 곧게 펴 주어 공을 정방향으로 날아가게 한다.

그림(26) 유일한 곧은 힘

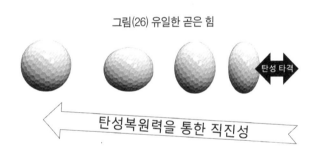

　골프채 역시 탄성이 잘 생기도록 설계되어 있는데, 헤드 페이스면 자체가 얇게 설계되어 탄성력이 쉽게 일어난다. 또 바로 그 윗부분의 샤프트(킥포인트)는 사람의 팔목이나 발목처럼 얇게 설계되어 이를 잘 활용할 시에는 축구선수가 마치 헤딩을 하듯, 드러머가 드럼을

치듯, 공과 헤드의 접촉 시 서로 간의 탄성이 잘 만들어
지도록 되어 있다.

그림(27) 클럽 샤프트의 탄성

그렇다면 어떻게 클럽을 가지고 공에 탄성을 잘 가할
수 있을까? 답은 정해져 있다. 공과 헤드의 충돌 시 사

람이 클럽을 잡고 있어서는 안 된다. 아주 잠시지만 클럽을 쥐고 있는 사람이 그 힘을 내려놓은 상태에서 클럽헤드와 공이 충돌되어야만 공의 탄성이 쉽게 생겨난다. 이를 골프채의 관점에서 본다면 순간적으로 클럽에 힘이 생겨야 하며 그 순간적으로 생긴 힘이 사람 손을 떠나 공을 쳐야 한다는 것을 의미한다. 마치 사격처럼 말이다.

골프공이 정지되어 있다는 것은 다른 타격스포츠와는 달리 클럽을 목표물과 공 앞에 똑바로 둔 상태로 스윙을 시작할 수 있다는 뜻인데 이를 조준(aim)이라 한다. 이는 억지로 공을 맞추려고 애쓰는 게 아니라 정교하게, 단호하게, 그리고 유연한 상태에서 사격을 하듯, 공을 치기 전 클럽의 모든 힘을 준비시킨 뒤 트리거와 같은 힘(모든 게 준비된 상태에서 가벼운 터치만으로 클럽이 가속화되는 힘)을 통해 공을 치라는 이면의 뜻이 숨어 있다.

즉 백스윙 시 헤드가 운동되면 그 반대편에서는 그립 끝이 헤드와는 정반대의 방향으로 원심력 운동을 하게 되는데 그렇게 스스로 운동되고 있는 그립 부분을 반동 삼는 것이 타격의 준비가 된다.

그림(28) 부드러운 반동 리듬감의 탄생

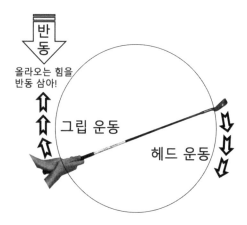

그렇게 부드러운 반동이 준비되었다면 그 상태에서 골프채의 트리거인 그립 끝을 공을 치는 방향의 반대 방향으로 당기면 총에서 총알이 나가듯 헤드 역시 그립 끝으로부터 원심력을 받고 공쪽으로 팅겨나가게 된다.

그림(29) 트리거가 일어나는 방향

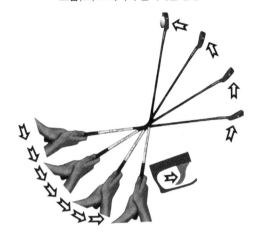

이처럼 골프 클럽을 턴의 감각으로 다룬다면 도구의 기능을 모두 활용할 수 있다. 여기서 턴은 그립과 헤드의 방향을 바꿔 준다는 말로 '전환'이라 불리기도 한다. 전환은 그립에 위치한 힘을 헤드의 힘으로 전환하여 힘을 효율적으로 전달하는 것을 뜻한다.[4] 이것을 잘하면

---

4  사실 그립의 힘뿐만이 아닌 땅을 딛고 있는 반력, 사람의 움직임 등 모든 힘을 헤드 끝에 전달하는 과정을 전환이라 할 수 있다. 즉 사람이 골프채의 필요한 힘의 통로가 되는 순간이다.

클럽의 힘이 모여 있다가 한 번에 풀려나오는 릴리즈 동작으로 이어진다.

그림(30) 힘의 모임 그리고 힘의 완충

릴리즈 동작은 임팩트 순간에 헤드 밑면으로 힘이 잘 모였다는 증거이기도 하며 임팩트 이후 완충작용을 통해 몸의 무리가 가지 않고 있다는 것을 입증하는 자세이기도 하다.

따라서 클럽을 이용해 슈팅을 하듯 턴을 통해 공에

탄성을 가한다면 골프는 더 이상 어려운 게임이 아닌 즐거운 게임으로 탈바꿈하게 된다.

나아가 이러한 전환(turn)운동, 즉 그립 끝에서 헤드 끝으로 힘이 이동하는 운동에 집중한다면 골프에서 필요로 하는 스윙 자세가 의도하지 않아도 자연히 학습되는 기쁨을 누릴 수 있다. 특히 스윙 중 오른발로 지면을 디뎠다가 왼발로 지면을 디디며 상체의 힘을 빼고 부드럽게 스윙을 하게 되는데, 이는 두 지면의 힘을 역이용해 그립 끝을 타깃 반대 방향으로 강하게 당기기 위해서 나타나는 자세이다.[5] 다시 말해 클럽이 요하는 운동에 집중함으로써 골프 스윙의 필요한 자세들이 완성되는 것이다.

---

5 골프채는 기다랗다. 여기에 그립 끝을 쥐고 운동하는 골퍼는 그립으로부터 헤드가 작용점이 되도록 지렛대 힘을 넣어야 한다. 그리고 지렛대는 기본적으로 중력과 함께해야 하는 힘인데 중력이란 것이 위에서 아래로만 존재하는 것이 아니다. 우리가 땅을 디디면 땅도 우리를 올려주는데 그 역시 중력과 같은 힘이다. 따라서 땅을 딛는다는 것은 그 힘을 순간 빌려 그립 끝을 통해 헤드로 중력을 전달하겠다는 과정이라 할 수 있다.

마지막으로 그립 끝과 헤드 끝을 반대로 운동시켜 생겨나는 공의 탄성은 골퍼에게 잊지 못할 손맛을 선물하기에 스윙 시 높은 몰입도를 경험할 수 있다.

그림(31) 그립의 운동 방향

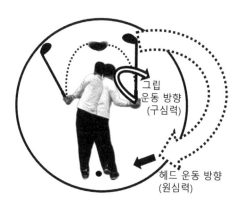

이렇게 본질적인 원리대로 클럽을 휘두른다면 좋겠지만 아쉽게도 우리는 골프공 앞에서 많은 실수를 할 수밖에 없다. 특히 공이 나아갈 방향으로 몸을 계속해서 움직이는 것과 더불어 공이 맞는 순간 자신도 모르게 손에 힘을 주는 것이 그것이다. 혹자는 공이 앞에 있기에 몸이 앞으로 덤벼 엉뚱한 샷을 하기도 한다.

이러한 세 가지 실수는 골퍼 모두가 겪는 부분으로 자신이 여기에 해당된다 할지라도 실망할 필요는 없다.

단, 골프를 잘하고자 한다면 중대한 사실 하나만 기억하면 된다.

공을 치기 전 그립 쪽이 공쪽으로 선행되는 것 같지만 이는 그립 부분이 원래의 자리로 돌아가는 중력운동일 뿐 사람이 직접 공쪽으로 클럽을 가져가는 것이 아니다.

그러므로 골퍼는 오직 공을 맞히기 위해 그립 끝을 공쪽으로 계속 가져가기보다, 그립의 움직임을 공을 치는 방향의 반대로 운동시켜 그로부터 생기는 헤드의 원심력으로 클럽 헤드가 공 쪽으로 나아가게 해야 한다.

즉 공이 맞는 순간 사람에게 필요한 의식은 골프공을 그냥 치는 것이 아닌 클럽을 '돌려 친다.'라고 할 수 있는데 그것을 정리하면 다음과 같다.

"골프공은 사람이 아닌 클럽 헤드가 치는 것이며 날아가는 것은 사람이 아니라 공이 되어야 한다."

## 골프 스윙의 필요를 충족시키는 리듬감

여기서 잠깐 의문점이 있다. 대략 백스윙의 시간은 1 초~2초, 다운스윙의 시간은 0.2초, 이렇게 빨리 진행되는 스윙 안에서 골프에 필요한 부분들을 다 채울 수 있을까?

사람이 한 동작을 하기 위해 언어 입력을 마친 후 척 수로부터 근육 세포에 전달되는 시간을 고려한다면 2 초 안에 수많은 동작을 이루기란 쉽지 않을 것이다.

그래서 이를 자연스레 이끌어 낼 수 있는 방법이 필 요한데 그중 하나가 리듬감이다. 사람의 동작은 언어보 다는 몸의 리듬감으로 기억될 때 기억이 오래가고 실전 에 쓰이기 좋기 때문이다.

골프 스윙에 올바른 리듬감을 갖추려면 앞서 말한 스 윙의 본질인 그네 리듬이 이용되는 것이 좋다. 그네가 올라갔다 중력과 함께 내려오는 리듬감은 골퍼에게 가 속을 알려주기 때문이다. 단 골프 스윙은 그네와 달리 축이 위에 있지 않고 아래로부터 코어 쪽에 위치하고 있음으로 백스윙을 시작할 때 그립 끝을 들어 올리는 게 아닌 과감하게 코어 쪽으로 내리듯, 혹은 타깃 방향으로 운동시켜 클럽헤드가 인위적으로 들리는 것이 아닌, 추진력을 받아 스스로 운동되도록 하여 중력과 원심력을 얻고 돌아올 수 있도록 하는 것이 좋다.

그림(32) 그네 리듬

그네처럼 움직이는 리듬감

코어를 중심으로 클럽을 적극적으로 백스윙하여 다시 코어로 돌아올 수 있도록 하는 리듬감은 스윙의 생명력을 느끼게 해 준다. 땅에 죽어 있는 공이 이런 스윙을 만난다면 높이 살아 날아갈 수밖에 없다.

## 완성, 골프 스윙

여러 운동 원리와 비밀들을 따라가 보면 골프의 흥미가 생긴다. 또 골프를 완성하고자 하는 욕구도 생긴다. 어렵게 얻은 골프를 잃고 싶지 않아서다. 그러나 이럴 때 주의할 점이 있다.

무엇을 정하는 행동이다. 사람은 무형적인 생각보다는 하나의 주제를 정하고 그것에 의존하려는 성향이 있다. 하지만 한 가지 생각에 편향되면 균형을 잃는다. 따라서 진정한 완성은 다양한 생각아래 중심을 단단히 하는 데서 온다.

골프에서 주로 사용하는 '스윙'(Swing)이라는 단어의 뜻처럼 하나의 중심을 정한 뒤 그로부터 마음껏 움직이는 생명력을 느껴야 하는 것이다.

물론 스윙 중에는 멈춰지는 동작이 있다. 몸과 클럽이 적극적으로 움직이다가 순간 몸이 멈췄을 때 클럽이 던져진다.

하지만 이는 멈췄다기보다 자신의 힘이 클럽에 전달되어 또 다른 생명력을 갖게 된 것이라 할 수 있다. 우리가 영원히 살 것처럼 살다가 삶이 멈췄을 때 생겨나는 차원의 이동처럼 말이다.

따라서 균형은 사람이 할 수 있는 지속적인 움직임과 도약을 위한 일시적 멈춤, 변화된 상황을 따라 다시 움직이는 생동(生動)을 통해 실현된다. 즉 스윙의 완성은 진행형일 때 가능하다.

또한 헤드 무게를 이용하고 가속을 내기 위해 힘은 반드시 빼야 하지만 힘을 '빼는' 것과 '포기'하는 것을 헷갈려서는 안 된다. 힘을 뺀 상태에서 클럽의 운동력을 지속시키는 것이 중요하다. 또 사람마다 체형과 체력이 다르고, 스윙하는 자세나 비법이 다르니 각자 원심력 원리를 이용하기 위해 자기에게 딱 맞는 기술을 찾는 것이 필요하다. 이를 위해 도움될 수 있는 이미지는 이것이다.

그림(33) 원심력 원운동

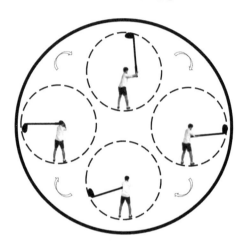

앞서 봤던 클럽을 돌리는 그림이다. 골프 클럽은 원
심력으로 공을 향해 나아간다. 특히 가운데 축으로부터
나아가는 클럽 헤드 속도는 상당히 빠르다.

게으른 사람은 가난해지고 부지런한 사람은 부유해
진다는『잠언』의 말처럼 스윙 중 조금만 부지런히 움직
여 축으로부터의 원운동을 찾는다면 엄청난 힘을 추가

적으로 지원받아 사용할 수 있다. 그러므로 우리는 선택해야 한다. 보이지 않지만, 느끼기 힘들지만 원심력을 이용할 것인가, 아니면 그 힘을 믿지 않고 자신만의 힘으로 스윙을 할 것인지 말이다.

분명한 것은 원심력으로 스윙되면 공이 조용히 나가는 것 같지만 청아한 소리를 내며, 클럽이 아름다운 호를 그리고, 이에 걸맞게 공은 멀리까지 나가게 된다.

부드러워 보이지만 강한 힘이 바로 이것이다. 이는 분명 골프의 매력을 증폭시킨다. 그러므로 보이지 않는 힘이 얼마나 아름답고 강한 힘인지를 믿는다면, 이제 빛과 소금처럼 희망적이고 오래가는 골프 스윙을 직접 경험해 볼 차례다.

제3권

# 마음을 다스리는
# 골프 철학

## 골프 리듬

리듬은 흐름을 뜻한다. 일정 범위 안에서 순차적인 움직임이기도 하다. 갈릴레이(Galileo Galilei)가 발견한 진자이론이 그렇다.

피사의 대성당 천장에서 샹들리에를 보던 갈릴레이는 번쩍였다. 좌우로 흔들리는 샹들리에와 자신의 맥박을 비교하여 그것의 일정함을 확인한 것이다. 진자의 등시성이 창안되는 순간이었다.

'진자의 등시성'이란 한곳을 기준으로 물체가 크게 움직이든 작게 움직이든 돌아오는 시간이 같다는 데서 나온 이론이다.

이러한 진자운동은 골프계에서 환영받는다. 템포가

빨라지든 느려지든, 움직이는 양이 많든 적든, 백스윙 갔다가 다운스윙으로 돌아오는 시간이 일정하다면 스윙의 변화 폭이 줄어들 것이기 때문이다. 그래서 클럽이 위로 올라가는 백스윙 후 자연법칙과 함께 다운스윙을 시작하면 고차원적인 골프를 할 수 있다.

물론 현실에서는 그것이 어렵다. 힘을 빼고 일정한 리듬을 갖는 것이 이론적으로는 이해되지만, 막상 실전에서는 이보다 더 조급히 움직이는 경우가 많다.

왜 이렇게 사람은 본연의 리듬대로 행동하지 못하는 걸까?

## 감정 조절

사람은 늘 자연을 벗 삼아 살아간다. 그런데 한편 우리의 마음속에는 자연을 정복하고자 하는 욕망이 있는데, 그중 하나가 세상이 자신의 뜻대로 되는 것이다.

특히 사람에게는 가진 것 이상을 가지려는 욕심이

있다. 골프에서 비거리가 100이라면 200을 치고 싶고, 200이 되면 250을 치고 싶다. 물론 이러한 마음은 동기부여가 되지만 마라톤과 비슷한 18홀 골프 경기에서 한 홀에 힘을 모두 쏟아부어 페이스를 잃기 쉽다. 혹여 성공하더라도 그것이 골퍼의 자만심을 높여 어려운 상황을 불러오기도 한다.

자만한 골퍼는 만족하지 못한 결과가 나왔을 때 그것을 만회하고자 다음 홀에서 큰 무리를 하는 경우가 많은데 그러다 스코어를 크게 잃어 허무함에 빠지기도 한다. 자신을 크게 신뢰하던 골퍼가 실패를 지속하면 의심, 근심, 걱정, 두려움, 자괴감과 같은 감정들에 빠지기 쉽고, 이것에 휩싸이면 골프가 어려워지며 심해지면 매번 달라지는 골프의 결과, 갑작스러운 미스 샷, 연습과는 사뭇 다른 실전 상황이 공포로 다가오기도 한다. 결국 상황을 즐기기보다 피하기 바쁘며 조급해지기 쉽다.

누구에게나 이런 상황이 올 수 있기에 자만심은 늘 경계돼야 할 것이다.

하지만 만약 그렇게 되었더라도 낙심할 필요는 없다.

다행히 신은 우리에게 자유의지를 주었다.

어려운 상황에서도 우리는 선택과 집중을 통해 긍정적 사고를 할 수 있다. 그것을 결단한다면 아무리 어려운 골프라 하더라도 다음 샷에 새로운 긍정적 상황이 열릴 것이다.

이와 같은 마음은 어린아이들에게서 배울 수 있는데, 아이들은 항상 희망에 차 있으며 세상의 모든 것을 신기해한다. 놀라운 기쁨이 함께한다.

부모라는 틀 안에서 자신을 지켜 주는 든든한 누군가가 있다고 생각될 때, 자신이 아는 것보다 모르는 것이 많다고 생각될 때 나타나는 호기심과 희망의 감정이기도 하다. 또한 자신의 부족함이 언젠가 채워질 것임을 알기에 그들은 활발하지만 조급하지 않다.

지금 하던 놀이가 잘못되어도 금방 또다시 새로운 놀이를 이어 가는 그들은 창의적이고 기쁜 시간을 보낼 뿐이다.

성인들의 특징인 경쟁우위에 대한 강박감, 생존을 위한 소유욕과는 거리가 있어 보인다. 그래서일까? 법정

스님은 자신의 저서 『무소유』를 통해 진정한 행복은 자신이 굳이 가지지 않아도 될 것을 비우는 것으로부터 시작된다고 말한다.

만일 그와 같이 필요 없는 것을 비울 수 있다면 아이 때 가졌던 순전한 기쁨이 다시 주어질지도 모른다.

## 비움

비운다는 것은 채우고 있던 것에 대한 내려놓음이다. 우리가 음식을 먹으면 필요한 양분은 흡수하고 넘치는 것은 비워 내는 신체의 신비한 청정 기능처럼 비움을 통해 사람은 늘 건강한 삶을 영위한다. 건강한 골프게임도 그렇다.

골프에서 비워야 할 것은 과거의 결과다. 골퍼는 과거에 쳤던 베스트스코어를 종종 '자신의 것'(It is something!)으로 오인한다. 그래서 그 스코어에 도달하지 못하면 가진 것을 잃은 기분이다.

비거리도 마찬가지다. 한 클럽으로 자주 150m 정도 거리를 냈다고 해서 그 기록을 '내 것'(It is mine)으로 기억한다. 행여 그 거리에 도달하지 못하면 안절부절못하고 이것저것 시도하다 무너지기 일쑤다.

방향성은 어떻고, 공이 맞는 터치감은 어떠한가, 우리는 이 모든 것들을 은연중에 소유하고 있다. 그래서 비움이 어렵다. 비워야 마음이 맑아진다는 걸 알지만 그렇게 하지 못한다. 채우고 유지하고 기억하는 습관만 있을 뿐이다.

그럼에도 비움은 필요하기에 우리는 그 방법을 지속적으로 찾아야 한다. 그중 하나는 역설적으로 채우는 것에 있다.

아이에게 위험한 물건을 내려놓게 하려면 다른 손에 맛있는 사탕을 쥐여 줘야 하는 것처럼 정신에 기쁨이 충만하고 평온한 생각이 가득할 때 불필요한 생각이 비워진다. 그래서 골프에서도 올바른 생각을 심중에 채워야 불필요한 생각들이 마음을 교란시키지 않는다.

다음 소개할 네 가지 정신력은 골퍼들의 평정심을 유

지할 수 있도록 도와주는 긍정적 정신력이다.

첫째, '회복 탄력성', 둘째, '활력', 셋째, '순간 집중력', 넷째 '자기 효능감'이다.

## 회복 탄력성

사람은 누구나 실수를 하거나 실패를 경험할 수 있다. 이럴 때 회복 탄력성이 높은 사람들은 낙심에 빠지지 않고, 빠르게 감정을 회복한다.

골퍼들도 원하는 결과를 얻지 못하는 경우가 빈번하다. 그래서 골퍼에게 회복 탄력성이 필요하다. 이를 골프에서는 '바운스 백'(bounce back)이라 불리기도 하는데, 선수가 실수한 다음 홀에서 좋은 경기를 통해 만회하는 것을 말한다.

그렇다면 회복 탄력성은 어떻게 만들어질까?

다이앤 L. 쿠투의 『회복 탄력성 -실패와 위기에도 무너지지 않는 항체 만들기-』에서는 세 가지 방법론을 제

시한다. '냉철한 현실 직시', '의미 있는 신념', '즉각적인 현실 대처'가 그것이다.

현실 직시는 사건·사고가 일어났을 때 그것을 이성적으로 볼 수 있는 시선을 말하며, 의미 있는 신념은 온전치 않은 일이 일어났을 때 그것에 긍정적 의미를 부여하는 걸 말한다. 그리고 그 상황에 맞춰 다음 상황을 즉각적으로 대처할 수 있는 것을 저자는 회복 탄력의 3요소라 말한다.

이는 분명 예상 밖의 일이 일어났을 때 현실적으로 필요한 것이다.

가령, 중요한 홀에서 드라이버 티샷을 하다가 OB(Out of Bounce)가 났다고 가정하자. 골퍼는 예상 밖 상황에 당황된다. 그리고 손실되는 페널티 타수를 생각하며 아쉬운 마음으로 다음 샷을 준비한다. 당연히 속상하고 우울한 기분이 다음 샷까지 이어져 실수를 반복한다. 혹은 그 실수를 피하고 싶어 실수한 샷의 정반대 방향으로 샷을 한다.

이와 같은 악순환을 막기 위해 세 가지 회복 탄력법이 적용될 수 있다.

1. 만약 경기에 임하기 전, 오비가 세 번 정도 나올 수 있다고 예상하면 당황되지 않는다. 골프 경기에서 완벽함을 꿈꾼다는 것 자체가 잘못된 설정일 수 있다.

2. 우리는 세상을 행복한 곳으로 여기고 싶어 하지만 사실은 힘들고 고단한 곳임을 이미 안다. 따라서 삶을 유토피아적 프레임으로 보려 하면, 현실과 이상의 괴리감에 괴로울 뿐이다. 그러므로 골프에서 OB가 나는 것도, 우리 삶에 이해할 수 없는 불합리가 있는 것도 직시하는 것이 낫다.

3. 이런 사고를 통해 우리는 **빠른 결단**을 내려 더 이상 생각이 과거에 머물지 않도록 해야 한다.

선수들은 자신만의 오비(OB) 대처법을 가지고 있다. 어떤 선수는 오비가 나면 습관처럼 "OK(오케이)."라 말한다. 그 선수는 OB를 인정한다. 현실을 직시하고 다음 샷을 준비하는 것이다.

또 다른 선수는 오비가 나는 순간, 날아가 버린 그 공을 보지 않는다. 묵묵히 가방 속에서 새 공을 꺼낸다.

그리고 더 씩씩하게 다음 샷을 구사한다. 마치 원래 계획했던 것처럼 행동한다.

이와 같은 자신만의 오비 행동 루틴은 골퍼를 차분하게 한다. 이것이 바운스 백 효과를 불러오고 다음 샷에 집중할 수 있도록 하는 것이다.

실제로 회복 탄력성이 좋은 선수는 오비가 났을 때 '오비 버디'라 하여 세컨드 샷에 집중한 뒤 그린에서 한 번에 공을 넣어 실타를 최소화하기도 한다. 2타나 4타까지 잃어버릴 상황을 1타로 방어한 것이다. 실수를 '재집중'의 의미로 받아들였기에 가능한 일이다.

이밖에도 삶의 크고 작은 변화가 왔을 때 그것에 당황하지 않는 삶의 태도는 우리를 어른의 삶으로 이끈다.

## 활력

활력은 살아 움직이는 힘이다. 골프 칠 때 우리는 생각보다 많은 일을 한다. 티잉 그라운드에서 티를 꽂고 타깃을 보고 샷을 계획하며 연습 스윙을 한 뒤, 본 스윙에 돌입해 공을 친다.

이런 일련의 작업을 일사천리로 해 내려면 활력이 필요하다.

활력은 설렘이나 기대에서 비롯되는데, 골프 경기 중 기대심이 가득한 전반전은 활력이 가득 찼다가도 경기가 뜻대로 안 되면 활력을 금방 잃기도 한다.

이는 우리 삶과 다르지 않다. 인생에서 꿈이 많던 젊은 시절에는 활력이 가득하다가도 점점 현실에 부딪치며 정체기를 겪게 되면 활력이 떨어지기 마련이다.

그럼에도 활력을 지속하는 사람들을 보면 그들이 어떻게 어려움에 대응하는지 알 수 있다.

그들은 예상과 다른 상황에서도 자신이 잃은 것보다 가진 것에 감사하며 건강한 방식으로 그것을 극복해 간다. 즉, 어려운 상황에서도 감사를 느끼며 다시 활력을 찾고 실패 원인이 어디서부터였는지 성찰하여 그것을 반성하고 직면한다. 그리고 그것에 근거해 현실에서 할 수 있는 일들을 찾아 새 삶을 계획한다. 이런 결정을 한 사람들은 다시금 삶에서 열매를 맺어 간다.

골프도 마찬가지다. 전반전까지 잘못했다고 실망하거나 기죽을 필요 없다. 기대심은 필요하지만 지나친 기대심은 우리를 지치게 할 뿐이다.

활력이 다시 활성화되면 좋은 샷과 더불어 경기 리듬에 상승세가 나타날 것이다.

이를 위해 지금까지 골프를 잘할 것이라는 기대를 해왔다면, 지금부터는 골프를 하는 것만으로 기쁨을 느껴보자. 사실 건강한 몸과 정신, 주변 친구들과 자연에서 어울릴 수 있는 시간은 골퍼가 누릴 수 있는 특권이 분명하다. 모든 것이 흥미로운 순간이다.

이를 밥 미첼은『천국에서의 골프』라는 소설을 통해

은유적으로 표현했다. 그것을 요약하면 다음과 같다.

> "점수에 죽네, 사네, 할 필요 없다. 골프는 재미있으
> 니까 치는 것이다. 한 지점에서 다음 지점까지 볼을
> 때려서 날려 보내는 것도, 야외에 나와 있다는 것도
> 모두 재미있는 일이다."

어린 아기는 자신의 손을 보며 신기해한다. 그리고 자기 발의 움직임을 보면서 입을 맞출 정도로 재미있어 한다. 자신에게 손과 발이 있다는 사실을 처음부터 알 지 못했던 그들은 그로부터 즐거움을 얻고 충만함을 누 린다.

골퍼들도 운동할 수 있는 손과 발이 있다. 여기에 비 싼 골프채까지 손에 쥘 수 있다. 이 어찌 기쁘지 아니한 가? 심지어 손과 발을 이용해 클럽을 휘두르는 것만으 로 우리는 충분한 활력을 보충받는다.

이 모든 걸 누릴 수 있다는 것은 얼마나 흥미로운 일 인가?

## 순간 집중력

골프에서 한 샷을 준비하고 마치는 시간은 대략 30초 정도다.

골프게임을 하는 전체 시간에 비해 샷을 할 때 사용되는 시간이 그리 길지 않은 것이다.

이는 볼을 치는 횟수만 보아도 그렇다. 대략 상급자는 72번, 중급자는 90번, 초급자 100~130번 정도다(골프 타수). 130번을 친다 해도 약 한 시간밖에 사용되지 않는다.

그렇다면 나머지 시간은 무엇일까? 나머지 시간은 걸어가며 이동하는 시간, 동반자 샷을 보는 시간, 다음 샷을 준비하는 시간, 자기 샷을 반성하는 시간 등이다. 그래서 골퍼에게 필요한 집중력은 '순간 집중력'이다. 편하게 자연을 거닐며 동반자들의 경기도 지켜보고 응원하다가 자기 차례가 오면 공 앞에서 집중력을 발휘해야 한다.

그렇게 골프에서 집중력이 생겨야 하는 과정은 물이

흘러가듯 순차적인 움직임을 필요로 하는데….

1. 공 앞에 서면 공을 보내야 할 타깃이 보인다. 그곳으로 공을 보내고 싶어진다.
2. 그것을 위해 현재 공이 '놓인 상태'를 살피게 되고,
3. 그 상황에서 가장 잘할 수 있는 샷을 '선택'한다.
4. 이 과정을 마친 뒤 골퍼의 스윙이 '시작'된다.

이는 골퍼가 매 샷마다 겪는 과정으로 선행 동기가 후행 동기(동작)를 불러일으키는 방식으로 진행된다. 이것이 골프 경기의 흐름이다.

따라서 골퍼는 무수한 상황 속에서 눈앞에 놓인 공에 대하여 긍정적으로 수용할 수 있어야 한다. 그것이 첫 단추이기에 그렇다. 그러므로 이 과정을 시작하는 하나의 루틴이 있으면 좋다. 한 소절을 부르면 다음 소절로 이어지는 노래처럼 관찰과 스윙까지를 하나로 잇는 것이다.

나아가 골프에서 가장 중요한 것을 뽑으라면 임팩트

일 것이다. 공이 맞는 순간 모든 것이 결정된다. 그리고 그 임팩트는 공이 맞기 직전의 움직임으로 결정된다. 그것을 위해 온전히 몰입해야 할 것이다.

하지만 골프 저변이 확대된 요즘 골퍼들은 영상에서 배운 불특정 다수를 위한 '자세 레슨'에 더 관심을 갖는다. 몸통을 돌리거나, 손목의 각도를 유지하는 등 자세를 일관되게 하는 데 집중하는 것이다. 하지만 실제 경기력이 좋은 선수들은 필드에서 모든 샷을 똑같이 하지 않는다.

주어진 상황에서 최고의 임팩트를 이끌어 내는 것이 목표이기에 달라진 상황과 그 상황에 맞는 임팩트는 자연스레 자세를 다르게 한다.

이를 다시 해석하면 우리가 알고 있는 골프 자세들은 어떠한 임팩트를 가하냐에 따라서 나타나는 모양이 달라질 수 있다는 뜻이기도 하다. 물론 닭이 먼저냐 달걀이 먼저냐의 의제처럼 의견이 불분명한 것 중 하나가 골프에서 '자세가 먼저냐 임팩트가 먼저냐'일 것이다. 그러나 골프의 목적이 예쁜 자세를 취해 점수를 받는 것이 아닌 주어진 공을 앞으로 잘 쳐내어 타수를 줄이는 것이기에 훌륭한 자세는 훌륭한 임팩트 감각으로 생겨나는 것이 조금 더 본질적이라 할 수 있다. 혹여 자세를 신경 쓴다면 그 자세는 중심으로부터 좌우로 일정하게 왔다 갔다 하는 클럽의 스윙 운동을 위해 존재해야 할 것이다.

그러므로 집중력이라는 것이 만약 한계가 있는 에너지라면 그 에너지를 임팩트에 사용하는 것은 어떨지 생각해 봐야 한다. 이러한 내용은 진실되게 말해 주는 선배나, 스테디셀러 골프서적 등을 통해 접하기도 하는데 골프 심리학의 대가인 밥 로텔라 박사는『골프, 완벽한 게임은 없다』를 통해 선수들이 무엇에 집중 했을 때 더 좋은 결과가 나오는지에 대하여 서술하였다. 그는 저서에서 선수들이 경기에서 우승할 때에는 특정 자세를 생각하기보다 자연스레 골프 경기에 몰입했다는 인터뷰 내용을 들려준다.

그렇다면 우리도 경기라는 흐름 속에 주어진 공을 쳐

내는 것에 집중한다면 흥미도가 올라가지 않을까? 만약 흥미도가 오른다면 그것이 집중력을 높여 우리의 효능감과 자신감을 저 하늘 높이 끌어올려 주지 않을까?

## 자기 효능감

집중력을 갖게 되면 자연스레 성공을 경험한다.

성공적 경험은 인간의 자기 효능감을 높이는데, 자기 효능감은 자신이 특정한 일을 성공적으로 해낼 것이라는 믿음을 말한다. 이는 골프에서 회복 탄력성, 활력, 순간 집중력과 더불어 평정심을 유지할 수 있는 중요한 정신력이다.

18홀 동안 다양한 상황을 경험하는 골퍼에게 "할 수 있다."라는 믿음은 분명 필수일 것이다.

그렇다면 자기 효능감, 어떤 상황에서든지 무엇인가 할 수 있다는 생각은 어디서부터 오는 걸까?

많은 석학들은 계획한 바를 이뤘을 때 느껴지는 성취감이 효능감을 높인다고 한다. 또 그렇게 생긴 효능감이 다음 일에도 성공을 이끌어 선순환이 된다고 한다. 성취감이 점점 더 큰 성공을 불러오는 것이다.

그런데 성공을 경험해 보지 못한 이들은 어떻게 해야 할까? 혹 성취욕이 없는 사람은? 우리 주변에는 잘하고자, 꼭 무엇을 얻고자 하는 의욕이 보이지 않지만, 묵묵히 자기가 맡은 바를 이뤄 가며 끝내 빛을 보는 사람들이 있다. 그들은 어떤 심리 상태로 임했던 걸까?

그들의 내면을 모두 알 순 없겠지만 한 가지 확실한 건 그들에게 '직면'이 있다는 것이다.

직면이란 자신에게 주어진 일을 회피하지 않고 그대로 바라보는 것을 말한다. 이는 인지행동치료에 많이 사용되기도 하며 회피에 반대 개념이기도 하다.

그런데 골프 경기는 유난히 회피하고 싶은 순간이 잦다. 골프를 하다 보면 창피함을 느끼는 상황이나 불안에 놓이는 경우가 더러 있는데, 공 앞에서 샷이 잘 안될까 봐, 같은 실수를 반복할까 봐 두려울 때가 그렇다.

골퍼에게 도망가고 싶은 마음이 들도록 하는 것이다. 그러나 이런 상황이 잦다면 이제 극복해야 할 때다. 『손자병법』에서는 상황이 좋지 않을 때 삼십육계 줄행랑이 좋은 전략이라고 했지만, 골프는 그렇지 않다. 골퍼는 어떤 상황이 오든지 그 순간을 직면해야 한다.

인지행동치료를 처음 개발한 심리학자 라자루스(Arnold Allan Lazarus)는 '스트레스'를 인간이 감당하기 힘든 어려운 상황이 왔을 때 불안과 위협의 감정을 느끼는 것이라 정의했다.

많은 이들이 스트레스를 받을 때 부정적으로 반응하는 것을 보면 그것이 공감된다. 하지만 모두가 그렇지는 않다. 스트레스 상황에서 사람들은 생각보다 다양하게 반응한다.

감당하기 어려운 스트레스 속에서 어떤 사람은 화(火)로 대처하고 어떤 이는 눈물로, 누군가는 웃음으로 극복한다. 혹자는 이를 도전적인 상황으로 받아들여 긍정적인 결과로 지혜롭게 극복하기도 한다. 그래서 스트레스를 부정적으로만 볼 수 없다.

유도(柔道, judo)에서 상대의 힘을 역이용해 엎어치기를 하듯 스트레스 에너지도 자신이 원하는 방향으로 전환하여 사용할 수 있는 것이다.

한 예로 드라이버 샷을 하려는데 누군가가 스윙이 이상하다고 비난하면 골퍼는 그 말이 신경 쓰인다. 그 비난은 스트레스로 찾아와 정신을 지배한다. 자신이 원래 하던 스윙에 의심이 생기고, 효능감이 저하된다.

하지만 비난받았다는 사실을 직면하고 그것이 별거 아니라는 걸 알아차린다면 상대방의 말은 오히려 집중력을 높여주는 동기 에너지가 된다.

가령 '비난'을 티마커처럼 골프공을 가운데 두고 양옆에 나란히 놓인 '돌'에 비유한다면 그 돌은 우리가 스윙해야 하는 길에 놓여 있지 않다. 그저 우리 시야에 있을 뿐, 그 돌은 절대 스윙을 방해하지 못한다. 도리어 그것은 쳐야 할 공에 대한 선명도를 높여 골프의 목적을 뚜렷이 할 수 있다. 이처럼 타인의 말은 우리의 길을 방해할 수 없다. 단지 그것은 어쩌다 우리 시야(視野)와 청야(聽野)에 들어와 있을 뿐이다.

그러므로 비난을 주춧돌 삼아 더 나은 결과를 만들 수 있는 대안을 선택하는 것이 좋다.

외적인 상황으로부터 생각과 행동이 흔들리기보다 내적 동기를 강화하는 것이다.


마지막으로 자기 효능감을 사라지게 하는 다른 하나는 우리 자신의 나태함이다. 사람은 사용하지 않는 몸은 퇴화하고 사용하는 몸은 성장한다. 그럼에도 편리함을 꿈꾸는 인간은 내면에서 항상 더 '쉽게', 더 '편안히'라고 속삭인다. 몸과 두뇌를 최소한으로 사용하려 한다. 그러나 이 편리함은 죽음에 가까워지는 길이다. 따라서 편리함을 추구하기보다 건강한 마음을 위해 인간은 지속된 노력을 멈추지 말아야 한다. 효능감 역시 정신과 신체의 건강함으로부터 오는 것이기에 나태함에서 오는 불균형의 길에서 건강한 중심을 지키고자 하는 생명의 길로 나아가야 하는 것이다.

골프를 오래 하다 보면 골프 샷을 하는 과정을 귀찮아하는 경우가 있다. 한 타, 한 타를 잘 치기 위한 과정에 집중하기보다 한 가지 주술 같은 생각에 기대어 공을 치고 싶을 때가 있다. 샷에 혼을 쏟기보다 자신의 실력을 은행에 저금하듯 붙잡아 두고만 싶은 그럴 때가 있다.

이것이 골프 생명력이 사라지는 신호다. 이때부터 골프 실력이 퇴보한다. 이러한 습관이 지속되면 신체와 정신이 통제 밖으로 밀려난다. 스윙의 균형을 잃고 효능감은 천천히 사라지며 흥미를 잃고 즐거운 운동을 그만두기도 한다.

그러므로 회피하고자 하는 마음과 편리함을 추구하는 마음을 잠시 내려놓고, 어떠한 상황에서든지 있는 그대로 볼 수 있는 '직면'의 마음으로 경기에 임해야 할 것이다. 중심을 단단히 하고 그로부터 힘찬 운동이 시작될 때 강력한 자기 효능감을 바탕으로 골프를 누릴 수 있기 때문이다.

## 지속

위와 같은 정신력을 이어 갈 수 있다면 골프를 하는 동안 흔들리지 않는 경기를 운영할 수 있다. 하지만 우리의 삶과 골프는 훌륭한 정신력을 지속 못 하게 하는 경우가 많다. 특히 함께하는 골프 동반자가 불편한 관계라면 더욱 그렇다.

상대가 어떤 사람이냐에 따라 심리적 영향을 받는다. 결국 실력발휘를 하지 못하고 아쉬움이 남는 경기를 치르기도 한다. 이는 사회에서도 매한가지다.

우리는 왜 자유롭지 못한 걸까? 왜 우리는 타인에게 얽매여 본래 실력을 발휘 못하고 흔들리는 걸까?

사실 모든 일이 그렇지만 우리의 마음이 항상 기쁘고 온유하면 어떤 상황이 오더라도, 그 누구와 골프를 치더라도 평정심을 유지할 수 있을 것이다. 하지만 사람은 자신이 만든 잣대와 고정관념 속에서 인품을 평가하기에 타인에게는 물론 자신에게도 자유롭지 못하다. 자신이 만든 기준에 타인이 부합하지 못하면 기분이 좋지 않으며 스스로가 그것에 준하지 못해도 금세 기분이 나빠진다.

이에 『골프, 이 책을 미리 알았더라면』에서는 '자기중심성'이 사람이 얻어야 할 기쁨을 방해한다고 말한다.

자기중심성이 무엇이기에 건강한 정신을 해치는 것일까?

## 마음을 어렵게 하는 자기중심성

흔히 자기중심성(I centeredness)이라 하면 이기주의(egotism)를 떠올린다. 그러나 자기중심주의는 세상을 보는 통찰의 눈이 자기에게만 한정되는 것을 말한다. 스포츠에서는 이를 시야가 좁아진다고 할 수 있는데 특히 기분이 안 좋거나 답답할 때, 화가 날 때 등 부정적 심리 상태에 들어설 때가 그렇다. 그럴 때 우리의 마음은 한없이 비좁아진다.

사람의 시야는 180도지만 세상의 관점, 타인의 관점이 사라질 때 경주마의 시야처럼 오직 자기만의 좁은 관점으로 상황이 해석되어 판단 착오가 생기고 일어나지 않아도 될 일을 발생시키기도 하는 그런 상태를 의미한다.

이는 무언가를 기대했지만 그것에 미치지 못해 스스로 서운함을 느끼는 상태이기도 하다.

문제는 이것이 좋지 않음을 잘 알면서도 이러한 감정을 끊어 내기가 어렵다는 것이다.

자기중심적인 감정에 빠지지 않고 조금 더 건강한 정신을 이어 갈 순 없을까?

여기에 심리학자 아들러(Alfred Adler)는 현대 사회에 갈등과 문제를 공동체의식과 사회적의식의 결여로 지적했다. 사람과 사람 사이에 발생하는 고민과 갈등은 관계로부터 시작되기에 결국 공동체적인 관계성이 개인의 내면과 외면, 사회의 해결책이라는 것이다. 이러한 아들러의 주장에는 타당성이 있다.

사실 공동체 의식은 내면 깊은 곳에 누구에게나 존재

한다. 사람이라면 누구나 타인의 아픔이나 슬픔, 기쁨 등에 공감할 수 있으며, 상황에 따라 잘 알지 못하는 타자도 배려할 수 있음은 주지의 사실이다. 우리가 타인의 이야기인 영화나 책을 보면서 감상할 수 있는 이유도 공동체적 감각이 형성되어 있어서다.

그래서 공동체로부터 배우고 채울 수 있는 것이 개인 스스로의 힘으로 익히고 얻는 것보다 훨씬 풍성하다. 현대 사회가 개인주의 사회라지만 사람들이 도시에 모여 사는 것도, 사람이 많이 가입되어 있는 온라인 플랫폼에 모이는 것도 큰 공동체에게 주어지는 혜택이 크기 때문이다.

그럼에도 현 사회는 너와 나를 경계 짓고, 내가 가진 것을 지키기 위해 타인과 경쟁하고 충돌하는 자기중심적 세상을 부추기고 있다. 전체보다 개인의 성공만이 우선시된다.

하지만 잘 생각해 보면, 타인이 없으면 성공은 가능하지 않으며, 성공이라는 의미조차 사라진다. 사업가에게 거래처가, 운동선수에게 경쟁 상대가, 골프 코치에게 수강생이, 무역 거래상에게 농부와 어부와 같은 연고가 없다면, 세상에는 성공도, 성공에 대한 기쁨도 존재할 수 없다.

또한 실패했을 때도 마찬가지다. 실패했을 때 자기중심적인 생각은 스스로를 더 괴롭게 한다.

공동체 속에서 상대적인 평가로 인해 발생하는 작은 실패를, 내 인생의 실패로 해석하면 이는 커다란 고통이 된다.

골프에서도 경기를 잘하고 있다가 한 샷을 실수하는 바람에 계속 무너지는 경우가 있다. 이러한 악순환은 틀 안에 갇힌 의식으로부터 기인된다.

"어? 어제까지 이렇게 하면 잘됐었는데 갑자기 왜 안 되지?"

"분명히 선생님(영향력 있는 사람)이 이렇게 하라고 했는데, 이 방법이 맞을 텐데 왜 안 되지?"

"아 창피해 동반자들이 나를 어떻게 생각할까? 이건 나의 모습이 아닌데 왜 이렇게 나만 안 되는 거야?"

"그럼 그렇지, 내 주제에… 나 같은 사람이 잘될 리가 없지"

"이게 다 그 사람 때문이야!"

이와 같은 생각은 우리의 자유를 앗아가며 부정적 틀 안으로 가둬 버린다.

핸디캡(handicap) 게임인 골프는 클럽이 길고, 헤드와 공이 작으며, 타깃이 멀리 떨어져 있고, 공이 놓인 자리도 계속 바뀌며, 벙커와 해저드 같은 코스 안에서의 수많은 장애물이 존재한다. 골프의 탄생이 인간의 무료함을 달래기 위해 생겼기 때문에 절대적 어려움이 함께하는 것이다.

이렇듯 골프는 미스 샷을 할 수밖에 없는 운동이며

토너먼트에 우승하는 선수도 이를 피해 갈 순 없다.

따라서 실수한 샷을 가지고 자신을 탓하고 비하하는 것은 이치에 맞지 않다. 당연히 일어날 일을 논평하는 것은 의미가 없다. 그렇게 해 봤자 선수의 고유능력만 위축되어 다음 샷의 악영향만 미칠 뿐이다. 그러므로 골퍼는 절대로 자기중심성이라는 감옥에 갇혀서는 안 된다.

심리학자인 엘리자베스 루카스는 자신의 저서 『기쁨 사용법』에서 '거울' 방에 갇힌 강아지를 소개한다.

한 강아지는 사방이 거울로 둘러싸인 공간에서 짖기 시작한다. 그런데 앞뒤, 좌우에서 보이는 강아지의 모습과 왈왈대는 소리에 강아지는 스스로 공포를 더해 간다. 사방에서 다른 개들이 자기를 에워싸고 짖는다고 생각한 강아지는 결국 거울에 비친 개들을 피해 필사적으로 도망치지만 결국 지쳐 죽고 만다. 즉, 자기가 짖는 소리와 자신의 뜀박질에 죽은 것이다.

저자는 이 거울 방에 갇힌 강아지 이야기에서 인간의 자기중심성을 말하고 있다. 자신에게 갇혀 사는 사람들은 결국 자신이 생각하는 방식으로 자신의 생명을 빼앗기게 된다는 것이다.

골프 경기 중 미스 샷을 한 후 기분이 너무 안 좋거나 침울하다면 자신이 그곳에 갇힌 건 아닌지 생각해 봐야 한다.

반대로 골퍼가 실수했음에도 의연하게 다음 샷을 이어 간다면 문제될 것은 없다.

사실 위대한 스포츠 선수들 역시 모두가 경기 중 실수를 범한다. 하지만 그들은 실수했을 때 어깨를 한 번 으쓱할 뿐이다. 그래서 이를 지켜보는 사람들도 그의 실수에 크게 반응하지 않는다. 또 선수 자신도 실수 후에 죄책감에 빠지지 않아 다음 펼쳐지는 상황에 본 실력을 보일 수 있다.

물론 이는 스타 선수들이 갖고 있는 기질이다. 따라서 자신에게 이러한 마음이 없다면 마음을 다스리는 법에 대해 배우면 된다. 그것은 정신 관련 학자들과 내면의 세계를 다루는 성직자들을 통해 실마리를 얻을 수 있다.

정신 병리학자들은 자기중심성에 대해 주변에서 일어나는 모든 일들을 자기와 관련해 해석하는 경향이 오히려 정신 건강을 해친다고 지적한다.

일상에서 많은 일들을 자기와 관련해 해석할 때가 많은데 의외로 우리가 의식하고 있는 주변 사람들은 '나'라는 인격체에 관심 가질 시간이 없다는 것을, 이것이 사실임에도 '나'라는 인격체는 이를 인지하지 못하고 있음을 깨달아야 한다.


현대 지혜서로 칭찬받고 있는 『프레임』의 저자 최인철 교수는 지혜를 얻기 위해서는 자기중심성이 만들어내는 한계 앞에서 겸허해야 한다고 말한다.

김형국 목사의 『풍성한 삶으로의 초대』에 따르면, 기독교에서 말하는 죄(SIN)는 자기중심성을 의미한다고 한다. 인간이 창조주로부터 떠난 후 자신 스스로가 세상의 주인이 되어 살아가기에, 죄로부터 자유할 수 없

다고 한다. 이로부터 회복되어야 다시 기쁨을 찾는다고
한다.

이외에도 마음 전문가들이 말하는 바를 요약하면 사
람은 자신을 드높이려 할 때 어려움을 겪게 된다고 할
수 있다. 흔히 '교만'이라 하는 것, 즉 스스로 가장 높아
지는 순간 어려움이 닥치는 건 거부할 수 없는 사실 같
다. 그래서 옛 성인들은 낮은 자가 되기를 자처했다.


## 자기중심성에서 벗어나는 낮아짐


세상을 만든 창조주는 가장 낮은 자가 되어 세상에
왔다.

부처는 왕위를 버리고 낮은 자가 되어 보리수나무에
서 깨달음을 얻었다.

삼국지에 관우는 큰 나라 군주인 조조의 섭외가 있었
지만 거절하고 당시 작은 군주였던 유비만을 섬겼다.
의를 중시 여겼던 낮은 자의 마음이다.

이들의 공통점은 스스로 불편함을 추구했다는 것이다. 이해타산보다는 자신에게 주어진 사명에 집중된 삶이다. 따라서 이들은 자신을 속박하지 않는다. 타인과 비교하여 좋고 나쁨을 따지는 것이 아닌 자신의 존재와 이유, 그것을 실현해 가는 사명감이 인생의 전부다. 즉 세상이 주는 공포와 두려움, 그로부터 생기는 휩쓸림에서 벗어나 자유함 속에서 내재된 잠재력을 발휘한다.

즉 그 인생에는 이기심과 욕심이 지배하지 않기에 낮은 삶을 선택한 이들은 자기중심성에 빠지기 어렵다.

사실 그렇다. 남이 볼 때 근사해 보이는 걸 얻기 위한 삶보단 자신의 마음이 이끄는 곳에 시간을 할애하는 것이 낫다.


골프에서 타인에게 비춰지는 스코어나 남 앞에서 멋지게 치는 모습을 중요하게 생각하면 골프에서 느낄 수 있는 자연, 호쾌함, 타인이 잘하길 바라는 마음, 내면의 잠재력 등 기본적으로 내재되어 있지만 큰 기쁨을 주는 것들을 놓칠 수 있다.

마치 경영학의 성과주의와 인본주의처럼 무엇이 정답이라 할 순 없겠지만 인간의 놀이로 시작된 골프는 당연히 숫자보다는 사람의 기쁨이 중요시되어야 할 것이다.

하지만 스코어로 평가되는 골프는 자신의 스코어가 마치 자신의 명함이라도 되듯 과시의 대상이 되거나 염원에 대상이 되기도 한다.

그래서 평소에 기록되던 스코어에 못 미치거나 간절히 바랐던 경기에서 필요한 스코어에 도달하지 못하면 상실감에 허덕인다. 또 혹자는 원하던 결과를 얻기 위해 자신이 친 타수를 속이거나, 반칙 같은 것을 생각하기도 하는데, 이렇게 되었다면 이미 스코어라는 주인에게 마음을 뺏긴 것이나 다름없다. 넓은 세상이라는 시야에서 스코어라는 틀 안으로 시야가 좁아진 것이다.

문제는 그렇게 해서라도 원하던 결과를 얻었을 때다.

원하던 걸 가지면 우리 마음의 평화가 올 것 같지만 그렇지 않다. 편안과 평안이 다르듯, 실제 실력과 다르게 평가된 결과를 지키기 위해 인간은 평안할 수 없다.

매 경기마다 속임수를 쓸 수는 없기 때문이다. 혹여 스코어가 아니더라도 남에게 멋지게 보이고 싶은 마음에 자신에게 맞지 않은 스윙을 억지로 하는 것 또한 자신과 타인 모두에게 불편함을 안긴다.

이와 반대로 평안을 추구하는 이는 스코어와 멋에 민감하지 않다.

동반자들의 인정을 받기보다 주어진 시간을 동반자들과 누리는 데에 집중한다. 무언가에 얽매이기보다 기쁨을 주는 우선순위에 집중하는 것이다. 즉 겸손함과 성실, 선한 영향력, 골프의 즐거움을 추구하는 이들은 평안이 마음속에 함께한다.

그 평안은 사람의 마음을 맑게 하여 수많은 긍정 에너지들을 받아들이고, 삶 자체에서 느껴지는 작은 행동, 모습, 소리, 향기와 같은 오대 감감으로부터 오는 모든 것들을 아름답게 느껴지도록 한다. 사람에게 여유와 만족을 주는 것이다. 이에 대한 충만함은 시각을 넓혀 주위를 볼 수 있게 한다. '자기중심 사고'에서 '타인중심 사고'로 전환되는 과정이기도 하다. 이는 타인이 어떤 생각을 가지고 있는지, 왜 그렇게 행동할 수밖에 없었는지, 또 타인이 무엇을 필요로 하는지와 같은 이해와 그들에게 도움이 되는 생각을 떠올리도록 한다. 진정 타인에게, 즉 세상에게 이로운 사람이 되는 것이다.

수천 년 전 한 예언자도 우리가 지켜야 할 것은 오직 서로 사랑하는 일이라 했다.

이는 단지 "좋은 말이야." 정도로 지나칠 수 있지만 타인을 사랑함으로써 생겨나는 인간의 자기중심성에 대한 회복은 너무나 큰 기쁨을 가져다준다.

물론 이러한 의식은 공동체 의식에서 잘 자라난다. 나를 중심으로 하는 우주가 아닌, 공동체 사회라는 한 집합체로 자신을 볼 때 인간은 자기중심에서 멀어진다.

실제 하늘에 있는 별들도 단 하나가 아닌 수만 개의 별들이 자기 위치에서 서로를 바라보며 빛을 반사할 때 반짝반짝 빛나는 것처럼, 인간 사회 속에서 '우리'라는 인격체들도 누군가에게 친절과 배려, 용서와 사랑을 베풀거나 받을 때 진정 기쁨을 느끼며 그렇게 됐을 때 한 사회를 빛나게 하는 여건이 충족된다.

또 겸손함, 낮아짐, 이타적 감정에 익숙한 삶을 살다 보면 단단한 사람으로 거듭나는데, 특히 결과에 절실한 사람들과는 달리 결과가 안 좋았을 때에도 무너진 그곳에서 반석을 세워 새로이 일을 시작한다.

무슨 일이든지 창조할 수 있는 상황 속에서 사는 것이다. 지금 하던 골프 샷이, 진행하고 있던 일이 무너져 내려도 다시 건설하여 보다 더 나은 내일을 만들어 간다.

특히 관계에 있어 자유를 갖게 되어 불편한 사람과 골프 라운드를 하더라도 지치지 않게 된다. 낮은 마음은 매사 갈등을 일으키는 그에 대하여, 총체적 관점에서 그럴 수밖에 없었던 그의 상황을 이해하도록 돕는다. 그를 수용하는 것이다. 자신과 동반자 전체에게 해를 끼치는 그를 사랑할 순 없지만, 입장과 상황 차이로 생긴 그 사람을 포용할 수 있는 동정심이 생긴다.

따라서 낮아짐은 관계로 인해 생기는 '미움'이라는 감정에서 헤어 나오게 하여 다음 할 일을 담대히 집중할 수 있도록 한다. 이와 같은 능력이 자기가 싫어하는 사람과 골프 라운드를 하더라도 부정적인 영향을 받지 않고 그날의 골프 라운드를 즐겁고 무사히 마치게 하는 것이다.

그러므로 타인과 비교하여 한 타라도 우월하면 자신이 잘하고 있다는 안심을 갖기보단 조금 더 본질적인 곳에 눈을 돌려 평안한 마음에 집중하는 것이 필요하다.

스코어를 얻는 데 혈안 되기보다 한 타 한 타 자신에게 주어진 상황에 충실하며 동반자를 아끼고, 나아가 기쁨이 함께하는 라운드를 꿈꿀 때 건강한 골프가 펼쳐지기 때문이다. 그랬을 때 놀라운 결과가 생기기도 하는데 실제로 두 낮은 자는 일생일대의 최고 스코어를 기록했었다.

21세기 초반 포천에서 있었던 실화다.


## 베스트스코어

신 군과 김 군은 오랫동안 골프를 해 온 프로 골퍼다. 그들은 골프로 삶을 살아가며 골프로 성공하고자 했다.

그래서 그들에게 골프 스코어는 너무나 중요했다. 그것이 토너먼트에서 성공할 수 있는 척도가 되었기 때문이다.

그런데 이들 중 김 군은 골프에 재능이 많지 않았다. 거리 감각이 좋아 숏 게임에는 능했지만 힘이 약해 장타에는 약했다. 여기에 김 군은 어릴 적 비싼 레슨비를 받는 스승으로부터 상처가 되는 말까지 듣는다.

"너는 절대 60대 스코어를 칠 수 없을 것이다."

훌륭한 선수가 되는 것이 꿈이었던 그는 스승이 한 말에 울컥했다. 그리고 다시 생각했다.

'나에게 무슨 뜻으로 이런 말을 하시는 걸까? 골프를 그만두라는 걸까?'

비난하는 스승이 밉기도 했지만 낙천적인 그는 고심 끝에 골프는 포기하지 않기로 했다.

자신이 좋아하는 선생이라고 해서 항상 옳은 말만 할 것이라는 생각은 왜곡된 이해를 만들고 그로 인해 피해자가 생기기도 한다. 제자는 다행히 그 사실을 알고 있었다.

그가 아무리 스승이고 자기보다 나은 사람이라 해도, 자신과 다르지 않은 사람일 뿐이라는 사실을, 또 세상에 완벽한 이는 없음을 인정한 것이다.

그래서 60대 타수[6]를 칠 수 없을 것이라는 말은 "더 노력하라."라는 뜻으로 받아들였다. 그리고 속으로 '언젠가 60대 타수를 달성할 것'이라 굳게 믿었다.

그러던 어느 날 아끼는 동생인 신 군과 라운드를 하게 되었다.

구름과 햇빛이 어우러져 화창함을 뽐내던 그날, 둘은 멋진 골프를 시작하였다.

---

6  정규타수가 72타인 골프게임에서 그보다 3타 이상 낮게 치는 로우 스코어.

첫 홀에 선 김 군은 드라이버 샷을 힘차게 쳤다. 하지만 아쉽게도 시원하게 친 드라이버 샷은 우측 해저드에 빠지고 말았다.

1페널티를 부여한 뒤 세컨 샷을 했지만 결과가 좋지 않아 어프로치를 하게 되었고, 그 홀은 결국 더블보기가 기록되었다. 일반 골퍼에게 더블보기는 그리 나쁜 스코어가 아니지만, 선수를 꿈꾸던 그에게 더블보기는 사실상 낭패를 뜻하는 스코어였다. 선수로 활동하려면 모든 홀에서 파 혹은 종종 버디를 기록해야 했기 때문이다. 하지만 이날은 유난히 더블보기라는 숫자가 나쁘지 않았다. 골프를 할 수 있다는 것이 좋았고, 그날따라 날씨도 선선하여 심신이 균형을 이루기 좋았다.

이러한 마음은 선수로 하여금 평정심을 갖게 한다.

그래서일까? 이 선수는 갑자기 샷의 자신감이 붙기 시작했다. 그리고 경기에 온전히 집중했다. 이 사실을 눈치 챈 동반자 신 군은 김 군과 같이 진중한 마음으로 경기에 임했고 그를 존중하며 응원해 주었다.

라운드는 점점 서로를 배려하는 마음으로 가득 찼고, 서로의 뜻을 느끼고서는 그것이 이루어지길 기도하는 마음으로 진행됐다.

'인간의 잠재력은 배려와 사랑, 격려 속에서 나타나는 걸까?'

이후에 이들은 신들린 플레이를 하기 시작한다.

둘은 평소에 자주 볼 수 없었던 멋진 샷들을 펼치기 시작했다. 신 군이 치는 아이언 샷은 핀을 향해 돌진했고 김 군이 치는 샷 역시 핀을 향해 빨랫줄처럼 곧게 뻗어 나갔다. 결국 그린에만 올라가면 버디 찬스가 주어지는 쉬운 골프가 진행되었다.

그렇게 김 군은 더블보기로 시작한 전반전이었지만 +2라는 스코어에서 -3이라는 좋은 스코어로 전반전을 마쳤다. 나머지 홀에서 버디를 5개나 기록한 것이다.

'-3', 이대로 경기를 마친다면 69타라는 60대 타수를 최초로 기록할 수 있는 첫 기회였으므로 그의 심장은 요동치기 시작했다.

동반자인 신 군 역시 동심동덕(同心同德)으로 -2라는 좋은 스코어로 전반전을 끝냈다. 그는 자주 -2라는 스코어를 기록하는 천재 선수였지만 언더파라는 스코어는 그에게도 값졌다.

사실 라운드를 도는 데 있어 상대방이 잘하면 그 상대에게 기가 죽어 좋지 않은 스코어를 기록하는 경우가 많다. 그러나 이날만큼은 서로가 서로의 경기력에 영감을 얻으며 더 나은 결과로 나아가고 있었다.

서로를 향한 낮아짐이 빛을 내고 있을 무렵, 후반전이 시작됐다. '-3타'라는 좋은 스코어와 함께 후반전으로 넘어온 김 군은 오히려 전반보다 몸에 힘을 빼고 부드러운 스윙을 했다. 힘을 빼고 친 샷은 완벽한 타이밍을 만들어 평소보다 비거리가 많이 나갔고, 중력에 맡긴 세컨 샷들은 어김없이 핀을 향해 날아갔다.

거리감에만 집중했던 퍼터는 홀을 향해 쏙쏙 들어갔

으며 그렇게 그는 후반전에도 4개의 징검다리 버디를 잡으면서 -7이라는 베스트스코어를 기록했다. 무려 '65타'를 친 것이다.

신 군은 김 군이 게임에 몰입할 수 있도록 게임 내내 상승 분위기가 깨어지지 않도록 배려했다.

그리고 자기 역시 최고의 파트너가 되기 위해 최선의 샷을 했고, 그 역시 4개의 버디를 추가하며 -6이라는 베스트스코어를 기록했다.

그렇게 둘은 화창한 가을날, 최고의 스코어를 기록했다. 김 군은 신 군을 끌어안고 말했다.

"형이 드디어 60대 타수를 쳤다. 흑흑."
"우리 선생님은 나에게 절대 60대 타수를 칠 수 없다고 했는데 드디어 해냈어!"

이에 신 군이 대답하였다.

"아, 형! 형은 뭐든지 할 수 있어."

김 군이 울먹거리며 말했다.

"맞아. 이게 다 네 덕분이야. 그런데 너도? 너도 베스트스코어를 쳤네?! 우리 둘 다 최고의 스코어를 기록했어!"


## 베스트스코어를 친 요인

이들이 최고의 점수를 기록한 동력은 무엇일까?

먼저, 시작이 좋지 않았음에도 그것에 실망하지 않았다는 점이 눈에 띈다. 이들은 선수라고 해서 높은 체하지 않고 낮은 자가 되어 있었다. 여기에 골프를 할 수 있다는 것만으로 감사의 마음을 가졌으니 더할 나위 없었다.

두 번째는 평소에 둘은 경쟁자였지만 상대방이 잘한다고 해서 질투하거나 시기하지 않았다. 오히려 서로가 잘할 수 있게 배려했고 위하는 마음으로 경기에 임했다.

이런 마음은 은연중에 '시너지효과'를 낸다.

한 사람이 샷을 하기 전 누군가가 그 샷이 잘되길 바란다면 행하고자 하는 샷에 대하여 확신을 갖게 되는데, 이는 자기암시 효과보다 강하다. 게다가 동반자를 위하는 사람 역시 그 감정이 자신에게도 동일화되어 좋은 영향을 받는다.

상대가 잘되길 바란다면 자신의 머릿속에도 골프가 잘되는 이미지로 극대화되는 것이다.

세 번째는 두려움이 찾아온 중압감 속에서 그들이 선택한 것은 '힘 빼기'였다.

사람은 무엇인가 유지하고자 하는 마음이 생기면 그것을 움켜잡기 마련이다. 그래서 골프 스코어가 좋다가도 그것을 유지하고자 하면 몸에 불필요한 힘이 들어간다.

다행히 이들은 절체절명(絕體絕命) 기회가 주어졌음에도 그것을 잡아 두기보다, 힘을 빼고 부드러운 마음으로 응수했다.

네 번째로 이들은 골프에 필요한 중심 가치를 단단히 했었다. 평소에 이들은 스윙 자세가 골프에 미치는 영향보다 사람의 태도가 골프 결과에 더 큰 영향을 준다는 것에 동의하며 그것을 위한 토론을 멈추지 않았다. 흔히들 골프를 잘하기 위해 자세 연마에 힘쓰지만 그 자세 역시 건강한 마음가짐에서 나온다는 사실을 잘 알고 있었던 것이다. 그 가치는 중요한 상황에서 타깃과 리듬을 놓치는 실수를 하지 않도록 했다. 즉 경기에 온전히 집중할 수 있었다.

마지막으로 이들은 긍정적 두려움에 휩싸였는데, 과학적, 의학적으로 설명하기 힘든 희한한 감정이었다.

## 가장 두려워하는 것이 내면의 중심이 된다

베스트스코어를 기록했던 이날 경기의 하이라이트는 수많은 버디다. 버디를 그렇게 많이 했다는 것은 실수보다 굿 샷을 더 많이 쳤다는 뜻이다.

평상시와 다르게 원하는 대로만 날아가는 공은 환희에 차게 했다.

하지만 기쁨, 그 이면에는 두려움이 밀려왔다. 자신이 친 굿 샷을 어떻게 쳤는지 인지하기 어려워 스스로에게 의심이 들었던 것이다.

그런데 분명 이러한 긍정적 두려움은 이들을 더 집중하게 했다. 이게 어떻게 된 걸까?

사실 두려움은 인간에게 중요하다. 두려움은 미래로부터 현재를 지키기 위한 소중한 감정이다. 그리고 두려움은 과거로부터 기인되는데, 대개 과거에 경험한 위기나 공포스러웠던 일이 그렇다. 그래서 두려움을 말할 때는 그것에 대한 부정적인 상처도 함께 보아야 한다. 심리학에서는 이를 트라우마라 한다.

그런데 잘 생각해 보면 누구에게나 트라우마 하나씩은 있다. 한 예로 어떤 사람은 돈만 보면 부들부들 떤다. 어릴 적 돈에 관한 상처로 돈을 벌 수 있는 기회를 보면 극도의 긴장을 느끼며, 자신에게 들어온 돈은 꼭 붙잡고 놓지 않으려는 강한 의식이 있다. 돈이란 것이 너무 소중한 것이다.

　또 어떤 사람은 타인에게 자신을 내비춰야 할 때 심리적으로 강한 압박을 받는다. 모르던 사람을 처음 대면하거나 영업적으로 자신을 보여 줘야 할 때 힘들어한다. 많은 이유가 있겠지만 이들 중 다수는 어린 시절 부모나 절친한 친구 등 가까운 사람에게 버림받거나 배신당한 경우가 있다. 이에 사람들 눈치를 보며 타인의 표정에 민감해지고 평가에 대해 두려움을 가질 수밖에 없는 것이다.

　골퍼들에게도 두려움은 자유롭지 못하다. 중요한 순간 샷을 실수하면 그것이 두려움을 만들기도 한다. 특히 공이 심하게 휘어지는 슬라이스 구질이나 훅 구질은 골퍼를 당황하게 한다. 큰돈이 걸린 게임이나 누군가에게 잘 보여야 하는 자리, 혹은 자신이 간절히 잘하길 바랐던 게임에서 방향이 엉뚱한 곳으로 가게 되면 자신은 물론 상대방도 놀라며 머쓱한 상황이 펼쳐진다. 그러한 상황이 잦아지면 외상 후 스트레스 장애와 같이 그들의 골프 생각을 지배하는 트라우마가 되기도 하는데, 문제는 실력이 좋아져 공이 잘 가게 되었음에도 그것에 매인다는 것이다. 결국 TV에 나오는 슬라이스 교정법, SNS에 나오는 교정법 등을 지나치게 따라하다 자신의 강점을 잃어 스윙 속도는 저하되고 자신감마저 잃어버린다.

이처럼 트라우마는 나약한 인간의 마음 중심으로 스며들어 우리를 괴롭힌다.


왜 우리는 이겨 내고 싶은 그 부정적인 사건이 심중에 자리하게 하는 걸까? 이에 대한 답은 사실 일상 속에 있다.

사람은 누구나 가정이나 직장, 그리고 그 밖의 여러 모임에서 싫어하는 누군가를 만나게 되는데, 그로부터 생기는 스트레스는 가정불화나 퇴직, 관계단절이라는 상황까지 만든다. 단순히 한 사람을 싫어하는 것뿐인데 그가 무슨 말만 하면 답답하고 화가 나며 그를 미워하게 된다.

아쉽게도 증오하는 마음은 자극적이며 중독성이 있어 그것이 내면화되기 쉬운데, 그렇게 사람은 긍정적인 것보다 부정적인 생각을 마음에 두는 경향이 강하다. 그래서일까? 선견자는 원수를 사랑하라고 했다. 그렇지 않으면 그 원수가 삶의 '중심'으로 들어선다. 골프는 어떠한가?

대부분의 초보 골퍼들은 해저드를 보면 온통 그것을 의식하다가 그곳에 공을 넣어 버린다. 싫거나 피하고 싶은 것에 대한 두려움은 우리의 마음을 그곳으로 빠르게 이끈다.

그러므로 두려움이 우리 마음을 가득 채우기 전 자신이 원하는 굿 샷으로 마음을 채울 수 있는 심리기법이 필요하다. 자극적이며 부정적인 마음을 역이용해 보는 것이다. 라운드 전 자신에게 이렇게 속삭여 보자.


"오늘 굿 샷을 치면 어떡하지?"

(굿 샷을 칠까 봐 두렵다.)

실제로 골프 경기 때 있었던 실화다. 한 선수는 티잉 그라운드에서 장갑을 끼며 이렇게 말했다.

"오늘 내가 우승할 것 같은데? 어떡하지?"

그 선수는 10타차의 타수를 극복하고 우승했다.

골프 수업 중 항상 불안과 미스 샷에 대한 두려움으로 드라이버 클럽을 드는 것조차 어려워하던 수강생이 있었다. 어느 날 그에게 기술적 레슨보다는 이런 말을 해 준 적이 있다.

"골프는, 잘되는 게 이상한 거다. 잘 안돼야 정상이다. 실제로 잘하는 사람도 얼마 안 된다. 어렵게 만든 게임이니 잘 안되는 게 정상이고 잘되는 게 이상한 거다."

"그러니깐 이렇게 한번 생각해 봐라. 미스 샷이 나오면."

"아 당연한 거지."

"굿 샷이 나오면."

"어? 왜 이러지? 이상한데? 왜 이렇게 잘 맞지?"

그날 그 수강생은 계속해서 외쳤다.

"어? 왜 이러지?" "왜 이렇게 잘되지?" "이상한데?" "또 잘되면 어떡하지?"

우연인지 부담으로 가득했던 그의 드라이버 샷은 220m를 넘기며 최고의 영광을 누렸다.

두려움으로 일어나는 '긴장'이 희망찬 기대와 사랑으로 생기는 '설렘'으로 바뀔 때 역사는 달라진다.

그렇게 사랑과 두려움 사이에는 간극이 분명하지 않다. 굿 샷을 두려워하며 사랑하는 양립적 감정을 통해 마음 깊은 곳에 최고의 샷을 심어 보길 바란다.


## 인간 완벽성

긍정적 정신력, 낮아지는 겸손, 두려움에 대한 통제 등은 골퍼를 강인하게 한다. 하지만 인간은 여기서 만족하지 않는다. 오차 없는 완벽한 골프가 되길 바란다.

18홀 경기 중 실수 없는 완벽한 게임을 꿈꾸는 것이다.

하지만 앞에 베스트스코어를 기록한 경기에서 더블 보기라는 실수로 시작한 김 군이 신비한 경험을 했듯, 인간사는 실수 없는 삶보다 실수와 함께할 때 놀라운 삶을 경험한다.

실수로 생긴 환경 속에서 새로움을 배우기도 하고, 자신을 돌아보기도 하는 것이다. 그렇게 실수는 늘 우리 앞에서 선생님이 되어 준다.

그러므로 골프에서 자신이 범하는 인간적인 모습을 보고 스스로를 비하하지 말았으면 좋겠다.

누군가 말하길 시간이 멈추면 모든 변화는 일어나지 않는다고 했다. 한 치의 변화조차 생길 수 없는 완벽의 단계가 시간의 멈춤과 같다면 그것은 죽음과 다르지 않다. 즉 살아 있다는 것, 그것은 움직인다는 것이며 움직임은 늘 불완전상태이기에 실수를 동반할 수밖에 없다. 그러므로 골프에서 실수는 자연스러운 것 중 하나이다.

골프에 완벽성을 과하게 적용해 봤자 몸에 힘만 들어가고 스윙의 박자감만 상실할 뿐이다. 골퍼는 실수에 익숙해져야 하며 그것을 통해 배워 나가야 한다.

이를 위해 골퍼는 한두 번 실수에 흔들리지 않을 만한 강한 정신력이 있어야 하는데, 이것이 없다면 훈련이 필요하다.

신체운동을 하면 신체 근육이 강해져 강한 사람이 되는 것처럼 정신에도 근육이 있으며 그것을 키울 수 있다고 생각해 보는 것이다.

정신의 근육은 신체 근육이 자라나는 과정과 다르지 않다. 신체 근육이 운동을 통해 생긴 근섬유의 손실로부터 시작되듯 정신 근육 역시 많은 실수를 경험하는 것으로부터 단련된다. 손상된 근섬유에 영양분이 채워져 신체 근육이 커지는 원리처럼 골퍼의 정신력도 실수 후 격려, 위로, 고무, 칭찬, 감사라는 영양가 넘치는 사랑의 감정을 통해 정신 근육이 자란다. 물론 눈에 보이는 근육이 아닌 보이지 않는 도파민과 세로토닌 등 각종 호르몬 분비를 통해 그것이 이루어지겠지만 그것들이 우리에게 '여유'를 선물하여 골프 경기력을 향상시킬 것이다. 실수를 두려워하지 않는 능력은 분명 우리를 높은 단계로 인도한다.

강박감과 부담감으로 꽉 막혀 굳어 있던 마음을 사랑과 용서의 빛으로 녹아내릴 때 삶과 골프는 새로운 눈을 뜰 것이기 때문이다.


그러므로 누군가 우리에게 골프를 하는 도중 가장 완벽할 때가 언제였냐고 묻는다면 이렇게 답할 수 있어야 한다.


"도전했던 일에 대해 한 치의 부끄럼 없이 얼룩이든

도화지의 자신만의 색을 입혀 예술품을 창작하듯

실수라는 보물을 통해 골프를 배울 때 나는 진정 완

벽에 가까워져 있었다."

베스트셀러 작가들의 작품은 한 번의 초고 그리고 수
백 번의 퇴고라는 수정작업을 거쳐 탄생한다. 즉 도전
과 실수, 그로 인해 지속되는 정정만이 최고의 작품이
된다.

우리의 골프 스윙과 인생 모두는 수많은 도전과 수많
은 실수를 통해 하나밖에 없는 '명작'이 되어 가고 있다.
이 사실을 기억하며 그네들의 골프 정신력이 무럭무럭
자라나길 소망한다.

# 제4권

# 타인을 이해할 수 있는
# 관점에 따른 골프

## 상체 관점, 하체 관점

골프를 배우다 보면 "클럽을 던지세요." 혹은 "끌고 오세요." 등 다양한 소리를 듣는다. 이를 통해 혹자는 골프 실력이 좋아지는 반면 누군가는 실력이 되레 저하되기도 한다.

TV에서 하는 골프 레슨을 보고 득을 보는 사람과 해를 보는 사람이 있듯 코치가 주문한 대로 잘되는 사람과 안되는 사람이 있는 것이다. 왜 같은 조언임에도 다른 결과가 나올까?

사람마다 코치가 주문한 내용을 이행할 수 있는 운동 능력의 정도는 다르겠지만, 자신이 어떤 관점에서 생각하느냐에 따라 공을 치는 방법론이 달라진다. 그래서 코치가 보고 있는 관점과 나의 관점이 일치되지 않으면 코치의 말을 이해하기 힘들다.

특히 상체 관점과 하체 관점은 다른 운동성을 지니는데, 상체는 "팔은 안으로 굽는다."라는 말을 증명하듯 당겨 오는 근육이 발달된 반면 하체는 주로 밀어내는 근육이 발달되어 있다. 매일 사랑해야 하는 사람에게 팔을 안으로 당기는 힘과, 매일 성실히 움직여 보행하는 사람에게 지면을 밀어내는 힘의 발달은 필연적이다.

헬스장에서 이 같은 사실이 확인되는데, 상체로 하는 운동은 몸 쪽으로 당기는 힘을 사용할 때 많은 무게를 들 수 있고, 하체로 하는 운동은 밀어내는 운동일 때 많은 중량을 들 수 있다.

따라서 골프 스윙 중 당기는 동작은 상체, 밀어내는 동작은 하체가 될 때 더 큰 힘이 생긴다. 물론 골프를 배울 때는 촉박한 시간 내에 운동이 진행되기에 위와 같은 사실을 이행하기가 어렵다.

예를 들어 코치가 클럽을 아래로 당기라는 지시를 했을 때 상체가 아닌 하체로 당기려다 몸이 밀려난다든지, 혹은 밀어야 할 때 상체만으로 밀어 균형을 잃을 때가 있다. 이는 운동을 언어로 표현할 때의 한계이기도 하다.

따라서 지금 내 자신이 어떤 관점에서 골프를 생각하고 있는지, 혹은 상대방은 어떤 관점으로 생각하고 있는지 질문하거나 관찰할 필요가 있다. 특히 스윙어와 히터라는 두 부류는 완전히 다른 골프 스윙을 한다.

## 나는 스윙어인가? 히터인가?

골프 스윙은 천차만별이지만 두 가지로 본다면 스윙어와 히터로 요약된다.

'스윙어'는 말 그대로 그네나 바이킹처럼 움직이는 힘만을 이용해 공을 치는 사람을 말하며, '히터'는 자신의 힘을 주도적으로 사용하여 공을 치는 사람을 말한다. 그리고 이 둘을 아우르는 말로 '스위터'가 있는데 천재 선수인 타이거 우즈를 그렇게 부르기도 한다.

스윙어와 히터로 구분 짓는 것은 스윙어냐 히터냐에 따라 스윙 기술을 완전히 다르게 이해할 수 있어서다.

먼저 스윙어 같은 경우 축을 중심으로 좌우로 움직이는 반경이 크다. 백스윙과 다운스윙을 잇는 힘이 주된 힘이 되기 때문이다.

반면 히터는 축으로부터의 움직임을 최소화한다(펀치 샷). 이어지는 힘보다는 스스로 타이밍을 만들어 타격하기 때문이다. 즉 이 둘의 공을 치는 감각은 사뭇 다를 수 있다.

재미있는 사실은 둘 다 자신이 어떤 사람인지 모른다면 자신이 꼭 해야 할 행동을 자신의 단점으로 착각할 수 있다.

예를 들어 스윙어(성향) 같은 경우 움직이는 자신의 몸을 스웨이라 평하기도 하며 클럽에 의해 수동적으로 움직이므로 심심함을 토로한다.

히터(성향) 같은 경우 축을 고정시켜 나타나는 작은 폭의 스윙과 힘 조절이 달라졌을 때의 나타나는 많은 경우의 수(다양한 결과)를 탓하며 불만을 토한다. 하지만 단점이라 생각하는 이 움직임이 없었다면 이들의 장점도 없어진다.

이어지는 움직임으로 일정한 결과를 만들어 내는 스윙어의 일관된 에너지와 임팩트 위주로 공을 쉽게 쳐내는 히터의 민첩함은 다름으로부터 생겨난 것이다.

우리가 사는 세상은 어떠한가. 많은 사람들은 자신의 단점을 대표적으로 생각하며 살아간다. 하지만 단점은 장점이 존재하기 위한 하나의 배경적 조건일 수 있다.

따라서 단점에 시선이 머물기보다 분별력을 통해 장점을 볼 수 있어야 한다. 장점을 알고 그것을 성장시키는 것은 그 사람의 가치와 존재감을 올릴 수 있는 가장 뛰어난 방법이다.

또 장점에 대한 탐구는 비난이 난무하는 문화권에서 격려로 나아가게 한다. 격려는 서로의 장점을 자각하여 배움의 동기로 이어진다.

따라서 다름의 인정은 스윙어와 히터가 합쳐지는 '스위터'의 개념까지 발전되도록 한다. 서로가 서로의 장점을 배우는 것이다.

스윙어와 히터의 장점이 합쳐진 '스위터'는 스윙어의 일정하고 아름다운 리듬과 히터의 신명나는 타격이 어울려 풍성한 스윙을 만든다.


## 부드러운 사람, 강직한 사람

스윙어와 히터처럼 사람들은 제각각이다. 특히 몸을 보면 유연한 사람과 딱딱한 사람이 있다. 한 사람은 느슨하고 한 사람은 경직된다. 골퍼들도 그렇다.

유연하고 부드럽지만 느슨한 골퍼들이 있는 반면 강직하지만 딱딱한 골퍼가 있다. 따라서 이 둘은 골프에 필요한 조언들을 같이 공유할 수 없다.

예를 들어 부드러운 사람들은 살과 뼈 사이의 유격이 크다. 즉 클럽이 손에 밀착되는 강도가 약하므로 이들은 그립을 최대한 야무지게 잡아야 한다. 빈틈없이 유격을 최소화해 클럽의 압력을 만들어야 골프가 쉬워진다.

반면 딱딱한 사람들은 몸의 경직이 잘되므로 클럽을 부드럽게 잡아야 한다. 몸의 경직은 자신도 모르는 사이에 클럽과 손에 밀착력을 높이기 때문이다. 따라서 부드러운 사람은 그립의 강도가 높은 것이 좋고, 딱딱한 사람은 그립을 가볍게 쥐는 것이 좋다.

## 팔이 긴 사람, 몸이 두꺼운 사람

이에 못지않게 팔 길이도 중요하다. 팔 길이는 준비 자세 때 높이 설정에 영향을 주는데 그것이 알맞게 준비되어야 정확한 임팩트가 나온다.

이는 스윙에서 중요한 과제인 '최저점 설정'이기도 하다.

최저점은 스윙 중 클럽이 가장 아래로 내려와 공을 타격하는 지점을 말한다. 이것이 정확해야 공을 자신 있게 칠 수 있다.

그래서 처음 자세를 취할 때 팔 길이에 알맞은 최저

점이 설정되어야 한다. 낮게 설정되면 임팩트 직전 땅을 피하기 위해 팔을 움츠리게 되고, 너무 높게 설정되면 공 꼭대기를 친다. 때문에 팔이 긴 사람은 몸을 세워 최저점을 높게 설정해야 하고, 몸에 비해 팔이 짧은 사람은 몸을 숙여 낮게 설정해야 좋다.

이는 팔이 긴 사람들은 몸이 세워져 팔이 몸 앞으로 높게 다녀야 유리하고, 팔이 짧은 사람들은 기본적인 몸의 기울기가 낮기에 수평적 움직임이 유리한 것임을 야기하기도 한다.[7]

그래서 골프에서는 이 둘을 분립한다. 보통 키가 크고 마른 체형, 상체 근육형으로 분류되지만 현실적으로는 팔이 얇은 사람과 몸이 두꺼운 사람으로 나뉠 수 있다.

---

7   허리를 숙여 몸을 낮추면 어깨가 밑으로 기울어지는데, 기울어진 만큼 몸을 수평적으로 움직여도 팔과 클럽에는 수직력이 생긴다.

## 팔이 얇고 긴 사람들의 스윙

팔이 얇고 긴 사람들은 대체로 몸이 얇다. 몸통이 얇으면 내부에서 생성되는 힘도 적다. 그렇지만 얇음으로 인해 팔의 움직임이 자유로워 상대적으로 높은 위치에 너지와 동적으로 움직이는 에너지를 스윙에 이용할 수 있다.

얇고 가벼운 만큼 움직임을 통해 파워를 만드는 것이다. 그래서 이들은 백스윙 시 팔을 높게 혹은 공으로부터 멀리 들수록 유리하며 또 긴 팔이 강력히 운동될 수 있도록 좌우의 움직임이 확보되는 것이 좋다.

주의할 점은 스윙 중 일어나는 회전에 있어 과도한 회전을 조심해야 한다. 몸 너비에 비해 팔 길이가 길기 때문에, 얇은 몸이 상대적으로 긴 팔의 운동량과 보조를 맞추기 위해 필요 이상 회전되는 경우가 많다.

따라서 전체 운동 감각이 '회전'보다는 '직진'(좌우) 혹은 '수직'이 좋다. 회전이 지나치면 커브볼이 나타나기 때문이다.

그래서일까? 이와 비슷한 체형을 가진 프로들의 모습을 보면 공으로부터 멀리서 내려오는 팔과 클럽, 그리고 가벼운 몸의 움직임이 조화를 이루어 예술적인 무용을 떠올리게 한다.

## 몸통이 두꺼운 사람들의 스윙

몸통이 두껍고 이두, 삼두 근육이 두꺼운 이들은 강한 상체 힘을 자랑한다. 일단 양쪽 어깨너비가 넓을수록 그 사이로 많은 근육이 자리 한다.

그래서 팔을 높게 들지 않아도, 움직임을 크게 하지 않아도 충분한 힘이 있다. 외부에서 움직이는 힘을 얻는 것이 아닌 내부에서 쏟아 내는 힘이 강한 것이다.

이런 주된 힘과 동시에 이들은 평평한 움직임을 필요로 한다. 특히 몸통의 회전력은 이들에게 큰 파워를 선사한다.

실제로 같은 체형의 프로들 모습을 보면 백스윙 때

클럽 위치가 얇은 체형 사람들보다 낮게 설정되어 있으며 마무리 역시 I 자 피니시라는 평평한 자세를 볼 수 있다. 이는 스윙 시 위아래 수직적인 움직임보다는 수평적 움직임이 많았다는 것을 증명한다.

또 스윙 템포도 빠른 편이다. 비교적 척추가 안정적인 이들은 축이 고정되어 나타나는 스핀효과로 스윙이 빨라진다. 그래서 이들에게 '천천히'란 단어는 어울리지 않는다.

결과적으로 이들은 짧고 굵은 임팩트에 재능 있는 사람들이다.


이런 방식으로 사람은 신체에 따라 다르게 스윙해야 좋다. 물론 고수가 되거나 운동신경이 좋으면 그 어떤 방법을 택하더라도 골프를 잘할 수 있다. 하지만 일반적으로 고수가 되기 전까지는 자기가 잘할 수 있는 방법을 택했을 때 발전이 빨라진다.

## 왼 손목이 꺾이는 사람, 펴지는 사람

　신체 조건 외에도 스윙 중 나타나는 모양에 따라 스윙 기술이 달라진다. 백스윙 탑에서 왼손목이 신전되는 사람과 굴곡되는 사람의 차이다.

그림(34) 커핑과 보잉

**커핑**
**Wrist extension**

**보잉**
**Wrist flexion**

　한 사람은 왼 손목이 커피를 마실 때 컵을 잡은 모양처럼 손등 쪽으로 꺾여 있다. 이를 골프문화에서는 커핑(cupping)이라 한다. 의학적 용어로는 손목신전

(wrist extension)이라 한다.

또 다른 사람은 손등이 손바닥 쪽으로 인사하듯 내려가 활처럼 휘어진다. 이를 문화적으로 보잉(bowing)이라 한다. 의학적으로는 손목굴곡(wrist flexion)이라 한다.

사람의 팔 모양에 따라 왼 손목이 좌우로 꺾이거나 접힐 수 있다는 걸 말한다. 한때는 이런 생김을 억지로 만들려는 골프 레슨이 있었다.[8]

인위적으로 손목 모양을 바꾸는 것이다. 그러나 타고난 몸을 특정 행동에 맞추는 것은 고문에 가깝다. 아무리 노력해도 커핑과 보잉은 잘 바뀌지 않기 때문이다. 행여 바뀐다 해도 그 결과가 좋지 않다.

예를 들어 손목이 커핑되는 사람의 손목을 펴 버리면 붙어 있던 양팔이 지나칠 정도로 모아져 흉한 모양이 나온다. 또 손목에 무리가 올 수 있다.

보잉되는 사람 역시 손목을 정위치로 만들려고 하면

---

8  사실 이 동작은 정지된 동작이 아닌 백스윙과 다운스윙 전환에서 필요한 경첩, 스냅, 반동과 같은 역동적인 움직임으로 나타나는 동작이기에 자세만으로는 절대 수정할 수 없는 부분이다.

헤드페이스가 열려 파워를 잃고 슬럼프의 길로 빠져든다.

그래서 손목 모양에 따라 사람은 다른 스윙을 해야 한다. 본연의 생긴 모양대로 행할 때 이중동작이 나오지 않고 좋은 결과를 기대할 수 있는 것이다.

예컨대 왼 손목이 손등(←) 방향으로 신전되어 커핑되는 사람은 주로 백스윙 탑에서 클럽 헤드가 열려 공이 오른쪽으로 갈 수 있고, 반대로 손바닥(→) 쪽으로 굴곡되어 보잉되는 사람은 클럽이 닫혀 공이 왼쪽으로 낮게 갈 수 있다. 이를 보정하기 좋은 방법은 그립법을 달리하는 것이다.

커핑되는 사람은 그립을 잡을 때 스트롱 그립(strong grip)이라 하여 앞사람에게 왼 손등 전체를 보여 줄 수 있는 그립을 택하면 좋다(손가락 위주로 그립을 잡는 것도 좋다). 스트롱 그립은 처음부터 왼 손목이 꺾이기 때문에 이들에게 본질적인 그립이 된다. 또 이들의 단점인 클럽페이스가 열리는 현상도 보정된다.

반대로 보잉되는 사람은 클럽페이스가 잘 닫힌다. 그

래서 워크 그립이라 하여 앞사람에게 손등을 보여줬던 스트롱 그립과는 달리 엄지손가락이 정면에 놓이는 그립을 택해야 좋다(Weak grip). 이렇게 되면 손목이 처음부터 펴져 있기에 스윙의 변화폭이 줄고, 단점인 왼쪽으로 가는 훅도 보완된다.

이와 같은 모양은 프로 세계에서도 통일된다. 프로 선수들도 손목의 모양이 제각각이다. 뭐가 더 좋다고 할 수 없다. 자신의 손목이 만들어 내는 모양에 따라 스윙을 맞춰 가면 된다. 옷 가게에서 신체 사이즈에 맞는 옷을 고르는 것처럼 골프 스윙도 자신에게 맞는 스윙법과 그립법을 택할 때 매력적인 스윙이 된다.


## 초보자는 왼쪽으로 고수는 똑바로

자신에게 맞는 그립법처럼 때와 상황에 맞는 골프 학습도 다르다.

초급 때는 슬라이스가 많이 난다. 슬라이스는 오른쪽

으로 공이 휘어지는 걸 말하는데 초급자는 클럽 헤드가 잘 열려(open) 이를 정정하기 어렵다.

다시 말해 클럽 헤드에 힘이 없다. 그래서 공이 맞는 순간 클럽 헤드가 공에 밀려 버린다(작용 반작용 법칙). 즉 백스윙 때 열렸던 클럽 헤드를 다시 닫거나 클럽 헤드에 힘을 싣는 기술이 부족하다. 그러므로 이들에게 필요한 연습과제는 헤드가 열리지 않도록 축을 견고히 하는 것과, 압력을 가해 헤드의 끝부분까지 힘을 실어 주는 것이다.

상급자가 되면 공이 왼쪽으로 가서 고생한다. 아무래도 원심력이 강하다 보면 헤드 끝인 토우에 힘이 실려 클럽 헤드가 잘 닫힌다(close). 그래서 공이 왼쪽으로 잘 간다. 따라서 고수가 될수록 공을 똑바로 보내기 위해 임팩트 시 공의 탄성이 잘 생기도록 해야 한다.

탄성으로 생긴 탄성 복원력만이 가장 곧은 힘이기에 공을 정방향으로 잘 보내주기 때문이다.

탄성은 임팩트 시 사람에게서 잠시 클럽헤드가 떠나

공과 충돌될 때 잘 생긴다. 즉 헤드와 공이 공명되어야
한다.


## 초급 중급 상급 골프는 다르다

위와 같이 초급 때와 상급 때 학습은 다를 수 있다. 나
아가 골프는 상식과 반대인 경우가 많다. 특히 골프채
는 위에서 아래로 움직이길 바라지만 사람은 항상 그
반대인 아래에서 위로 가려 한다. 사람이 주로 하는 행
동은 누워 있다 일어나 걷고, 물체를 들거나 움직이는
등 중력에 저항하는 '항중력' 운동인 데 반해 골프는 중
력과 함께하는 운동이며 그것을 잘 이용해야 유리하다.

따라서 골프를 친다는 건 물 흐르는 듯한 움직임을
취하는 것이라 할 수 있다.

골프 실력이 늘어 가는 과정 또한 그렇게 물 흐르듯
자연스러운 과정이면 좋겠지만 세상은 생각보다 무언
가를 잘하는 데 있어 방해요소들이 뒤따른다. 골프를 가

르치고 배우는 과정에서도 어려움이 따르는데, 골프를 가르치는 선생님들은 정해진 틀과 매뉴얼에 한 개인을 가두는 것이 일반화되어 있다. 매뉴얼이 없으면 가르침 조차 흔들릴 수밖에 없는 스포츠이기에 그렇다. 이러한 환경 때문인지 많은 이들은 정해놓은 틀 안에서 성장한 다. 혹여 잠재력이 100이 있다고 하더라도 틀 안에 갇혀 50밖에 발휘하지 못한다. 잠재적인 움직임을 취했을 때 좋지 않은 결과, 코치가 원하지 않는 동작이 나타나기에 그것들이 잘못된 것으로만 치부되기 때문이다. 만약 그 것이 조금 더 익숙해지고 다듬어지면 개인이 할 수 있는 최고의 스윙이 될 수도 있겠지만 우리는 잠재력보다는 다수가 진행하는 방식을 따르거나 수긍하는 데 익숙하 기에 당장에 인정을 받지 못하거나 좋은 결과나 나오지 못하면 그 동작은 안 좋은 것이라 판단한다.

물론 경제나 의학 분야라면 다수를 따르는 일반화에 맞춰 대응하는 것이 좋겠지만 골프는 예체능이며 골프 채라는 기성품은 비슷하지만 모든 사람이 다르다는 것 을 보았을 때 클럽의 좋은 움직임을 위해 모든 사람이 다르게 움직일 수밖에 없다는 결론이 나오므로 골퍼는 한 번쯤 자신의 골프관념에 관하여 사유하는 시간이 필요하다.

한 가지 사유의 예를 들자면 골프를 처음 배우는 사람이 고수로 성장하는 모습이다.

골프를 처음 하는 입문인은 골프에 필요한 힘과 균형 감각이 없다. 필요한 근육이 일상생활에 사용되지 않기 때문이다. 따라서 평소에 사용하던 근육만을 가지고 필요로 하는 자세를 익히기 어렵다. 이들에게 몸을 꼬아라, 버텨라 하는 등의 수식어는 골프에 대한 이질감을 높일 수 있다. 물론 개중에는 운동신경이 좋아 고수들의 자세를 금방 이해하는 사람도 있지만 대부분 그렇지 않다. 숙달되지 않은 이들에게 골프채를 양손으로 잡고 하체와 허리를 다루게 하는 것은 고통이므로 그들이 이해할 수 있는 범위 내에서 움직임을 권유하는 것이 좋다. 평소에 사용하지 않던 근육들이 하나하나씩 깨어날 수 있도록 기다리는 것이다.

보통 처음 골프를 접하는 이에게 선수들 스윙을 주입

하려고, 초급자의 머리를 고정시켜 완전히 굳어 있는 상태로 골프를 배우게 하는 경우가 많은데, 그보다 움직임을 먼저 익힌 뒤 나중에 축을 고정하는 방법도 좋을 수 있다.[9]

따라서 초급자를 보는 타인은 동작이 어설퍼 보여도 너무 관여하지 않고 그들이 골프를 통해 재미를 느낄 수 있게끔 배려하는 것이 좋다. 보행을 배우는 아기들을 보자. 첫 걸음마 때 상당히 어설프지만 그에 필요한 근력과 균형 감각이 생김으로써 점점 완전해지는 모습은 모든 운동학습과 다를 게 없다.

따라서 조금은 쉽고 편안하게 골프를 익히도록 하는

---

9　골프에서 내려오는 말 중 가장 골퍼를 괴롭히는 것은 처음에 배우는 골프가 평생 간다는 말이다. 이는 부분적으로 맞는 말일 수 있지만 이로 인해 골프를 처음 배우는 이들은 조금이라도 틀리지 않기 위해 몸이 경직된 상태로 골프를 배우게 된다. 힘을 빼야 하는 스포츠를 힘을 주고 배우게 된다. 당연히 흥미를 잃을 수밖에 없다. 중요한 사실은 타이거 우즈의 어릴 적 스윙을 보면(골프를 처음 시작할 때) 그보다 더 자유로워 보일 순 없다. 그는 전성기 때와는 완전히 다른 스윙으로 골프를 시작했나. 예체능은 예술 분야의 본질을 잃어서 안 된다

것이 초급자를 위한 배려다. 이런 경험을 통해 이들은 골프를 즐기게 된다.

'즐김'을 통해 즐거움을 얻으면 삶 안에 골프가 들어온다. 운동도 서서히 되는 것 같고 하고 나면 기분도 괜찮다. 적어도 한 주에 한 번은 쳐야 할 것 같은 생각이 든다. 한 사람이 골퍼로 변해 가는 과정이기도 하다. 그렇게 골퍼는 점점 중급자가 되어 간다.

중급자가 되면 골프에 욕심이 생긴다. 공을 멀리 보내고 싶고, 일률적인 골프도 해 보고 싶다. 그래서 중급자들은 골프 이론에 관심이 많다. 인터넷 동영상을 찾아보거나 각종 책들을 섭렵한다. 또 다양한 프로들에게 레슨도 받으며 직접 연구도 한다.

결국 이들은 방대한 지식을 갖게 된다. 그러나 이들 중 몇 명은 지식으로 인해 골프가 거꾸로 간다. 많은 지식이 행동을 제한시키기 때문이다.

그래서 이들에게 필요한 것은 이론 정리다. 이론 정리는 집 정리를 하듯 큰 움직임부터 작은 움직임까지 순서대로 나열하면 된다.

예컨대 어떤 하나의 이론이 있다면 그 이론은 "어디서부터 시작되었는가?"라는 질문을 던져 스윙 중 무엇이 더 중요한지에 대해 질서가 내려져야 한다. 각종 이론들을 통합하여 우선순위로 이해하는 것이다.

정리가 되면 골프를 하며 들었던 말과 느낌들이 해석될 것이다. 이러한 과정을 통해 그들은 분명 핵심 원리를 깨닫게 되는데 그것을 깨달은 중급자는 자신의 힘보다는 자연에 순응하는 스윙을 취한다.

자연과 더불어 몸을 사용하고 중력을 이용하며, 구심력과 원심력을 통해 헤드 스피드를 증진시킨다. 연구를 통해 복잡해졌던 골프를 단순화하여 비범함을 갖추는 것이다. 그렇게 그들은 자신의 스윙을 완성시켜 상급자로 발전한다.


상급자가 되면 깨닫게 되는 것이 있다. 실력이 훌륭할지라도 매번 잘할 수 없다는 것과 매일 다른 골프가 펼쳐진다는 것이다.

따라서 골프공 앞에서 겸허하다. 흔히 지인들에게 골프 레슨을 즐겨 하는 사람들은 이제 막 중급자에 들어선 부류가 많다. 새로 느낀 기술이나 감정들을 혼자만 누릴 수 없기에 나누고 싶은 것이다. 하지만 특정한 기술보다 전체적인 균형이 중요하다는 걸 깨달은 상급자는 말을 아낀다. 물론 이러한 성숙 이면에는 외로움이 있다.

고수가 될수록 피라미드 꼭대기에 있는 것처럼 그 감정을 느끼고 공유할 수 있는 주변인들이 줄어들기 때문이다. 또 정점을 찍고 자신의 한계에 직면했을 때 오는 감정은 골퍼를 무기력하게 한다. 절정에 다다랐을 때 성취되는 만족은 크지만 그것에 준하는 공허함이 있는 것이다.

그래서 이들에게 필요한 것은 '초심'이다. 다시 골프의 재미를 느낄 수 있어야 하며 골프로 무엇을 얻기보다 골프 자체가 주는 즐거움을 찾아야 한다.

자연을 벗 삼아 마음껏 발산할 수 있는 에너지와 골프를 칠 수 있는 여건, 따뜻한 빛, 생명을 유지시켜주는 산소, 눈을 편안하게 하는 녹색 경기장, 여기에 함께하는 골프 친구들까지 골프에는 은혜로운 일이 참으로 많으므로 그것에 다시 눈을 떠 그 특권을 누리며 감사를 느낀다면 얼어 있던 골프 흥미가 소생할 것이다.

이 상태에서 원리에 입각해 다시 스윙한다면 지난날보다 한층 더 한계점을 돌파할 수 있는 골퍼가 될 수 있는데, 그것은 실력과 마음이 정점으로 치닫기 때문이다.

이와 같이 골퍼가 발전하는 일련의 과정을 본다면 다음과 같은 마음가짐이 함께해야 한다.

부담 없는 입문 → 진실된 탐구 → 처음자의 마음

## 네가 보는 것과 내가 하는 것은 다르다

골프 스윙은 동심원으로 이뤄져 있다. 안에 있는 원은 사람이 그리는 원이고, 바깥 원은 클럽이 그리는 원이다. 즉 안에 있는 작은 원으로 큰 원이 생겨난다.

그런데 스윙을 보고 있는 관찰자에게는 그렇지 않다. 관찰자가 보기에는 작은 원을 그리는 몸은 고정되어 보이고 클럽이 그리는 바깥 원이 모든 운동을 주관하는 것처럼 보인다.

이를 본 많은 이들은 팔과 손을 뻗어 클럽을 크게 움직이는 것에만 몰입한다. 하지만 골프는 보는 것과 하는 것이 다른 스포츠다. 동작의 오류를 줄이려면 내부의 움직임을 탐구해야 한다.

골프는 분명 축을 중심으로 하는 균형 운동이다. 그리고 모든 균형 운동은 진동과 같은 떨림을 동반한다. 즉 고정하기 위해 수많은 움직임이 동시다발적으로 일어난다. 한 발로 서 있거나 짐볼 위에 올라탈 때 몸이 부들부들 떨리면서 균형을 잡는 것 역시 인체가 균형을 잡기 위한 움직임의 힘을 이용하는 것이다.

따라서 축을 중심으로 하는 원운동인 골프 스윙을 이해하려면 컴퍼스를 이용해 큰 원을 그리는 것을 참고할 수 있다. 컴퍼스 축은 정지된 것으로 보이지만 컴퍼스 축은 제자리에서 땅을 누르며 강력히 움직인다.

타 스포츠인 피겨스케이팅 선수들도 빠른 회전을 위해 자신의 몸을 한 번 움츠린 뒤 큰 회전을 만든다.

골퍼들도 그렇다. 천하를 알게 되는 믿음도 겨자씨만한 믿음에서 시작된다고 하는데, 스윙 중 자신에게 파생될 에너지도 한 씨앗으로부터 시작된다. 그곳으로부터의 부지런한 움직임이 클럽의 커다란 원을 탄생시킬 수 있기 때문이다.

따라서 만약 누군가가 스윙 중 너무 산만하게 움직이는 것 아니냐고 묻는다면 친절히 알려 주길 바란다.

"나는 커다란 원운동의 씨앗이 열매 맺도록 부단한 노력 중에 있단다."

## 다르지만 하나의 다운스윙

만약 당신이 이 책을 보다가, 혹은 지인의 얘기를 듣다가, 인터넷 영상을 보다가 골프가 헷갈린다면 다음과 같은 사실을 인지해야 한다.

원운동의 특성을 유지하기 위해 왼쪽 구간과 오른쪽 구간의 움직임이 다를 수 있다는 것이다. 물론 이는 스윙 운동인 그네 원리를 충족하기 위한 움직임이다. 즉 사람이 느끼기에 다른 운동이지만 원운동이라는 큰 틀 안에서는 동일하다. 이를 위해 각각의 역할이 주어진다.

그림(35) 다운스윙 시 왼쪽 구간과 오른쪽 구간 움직임

축으로부터 왼쪽 구간은 클럽을 끌어당기는 역할을, 축으로부터 오른쪽 구간은 클럽에 밀착하여 가속을 더 하는 역할을 한다.

만약 당신의 스윙 중 원운동이 깨져 있다면 그 균형을 위해 필요한 움직임이 있어야 할 것이다. 어떤 이는 당기는 힘에 집중해야 할 것이며 어떤 이는 미는 힘에 집중해야 한다. 따라서 남의 말을 쉽게 따르기보다 자신에게 무엇이 필요한지 생각해 보는 것이 좋다. 결국 균형을 위해 나아가야 한다.


## 원운동 중 어디를 보고 있는가?

원이라는 것은 참 기이하다. 원을 그리는 선을 따라가 보면 선의 방향이 위로 가는지, 아래로 가는지 정의 내릴 수 없다. 360도인 원은 바운스처럼 내려가는 것과 올라오는 것이 양립하기 때문이다. 따라서 원운동인 골프 스윙은 바로 '이것이다'라고 말할 수 없다.

원운동의 어디를 보느냐에 따라 생각이 달라지기 때문이다. 골프 스윙이 오른쪽에서 왼쪽으로 진행된다고 가정했을 때를 생각해 보자.

그림(36) 동그라미

동그라미 상단을 보면 그 운동은 위로 올라갔다가 다시 아래로 움직이는(⌒) 곡선운동으로 보인다. 하지만 동그라미 중 아랫부분은 위에서 아래로 내려와 다시 위로 올라가는(⌣) 역곡선처럼 보인다. 혹자는 이 전체를 옆에서 옆으로 보기도 한다.

따라서 골퍼가 원운동 중 어떤 관점으로 보느냐에 따라 골프는 위에서 아래로 치는 운동이기도 하면서 아래서 위로 혹은 옆에서 옆으로 치는 운동이 되기도 한다.

이를 골프에서는 '다운 블로우', '어퍼 블로우', '사이드 블로우' 등으로 명명하여 다양한 레슨 용어로 쓰이고 있다.

그렇다면 지금 당신은 어떤 관점에서 골프를 생각하고 있는가? 당신의 사랑하는 사람은 어떤 관점에서 골프를 하고 있을까?

다운 블로우? 어퍼 블로우? 사이드 블로우? 모두가 옳다. 관점에 따라 옳음은 달라진다.

우리가 할 수 있는 것은 앞에 있는 상대가 어떤 관점에서 어떤 필요를 느끼는지 관찰하고 관심 가져 주는 사랑일 뿐이다.

## 우리 모두는 달라서 아름답다

이처럼 관점에 따라, 상황에 따라, 체형에 따라 스윙
은 달라진다. 그리고 다름은 다양성을 증명한다. 재미
있는 사실은 다양성이라는 것이 꼭 다수 안에 있는 개인
만의 특성은 아니라는 점이다. 한 사람의 삶만 보아도
그 인생이 계속 변화된다. 시간이 변하기 때문이다. 이
는 골프에서 똑같은 사람이라도 같은 스윙을 반복할 수
없다는 뜻이다. 골프 고수들이 항상 일정한 샷을 하는
것 같지만 그들 역시 매번 변화를 느낀다고 고백한다.

그러므로 그 어떤 것도 고정될 수 없으며 우리 모두
는 지금도 변화하고 있다는 사실을 받아들여야 한다.

이러한 변화 속에 우리가 할 수 있는 건 오직 선택뿐
이다. 이를 잘하려면 우리 마음속에 올바른 의가 있어
야 한다. 인간은 중심이 어디에 있느냐에 따라 판단의
사유가 달라진다.

보통 골프를 배우거나 연습할 때 특정 자세에 얽매여

그 동작만을 주구장창 연습하는 경우가 있다.

하지만 잘 생각해 보면 그 동작은 막상 필드에서 해야 할 행동이 아닌 경우가 많다. 그 동작은 자신이 더 나아진 미래를 꿈꾸기 위해 연습하는 한낱의 의탁동작이자 과제일 뿐이다. 실제 필드는 공이 놓인 경사에 따라 힘과 자세를 달리해야 하는 경우가 많다.

그래서 자세를 고정시켜 반복하기보다 스윙을 움직이게 하는 원리와 공을 정확히 쳐내는 임팩트 감각을 배워야 한다. 그리고 이를 응용하여 상황에 맞게 적용하는 것이 골프 운동능력이다.

그러므로 집중해야 할 것은 본질에 대한 이해와 그 본질을 실천하기 위한 행동이어야 한다. 그렇게 됐을 때 사람의 다름은 핵심 원리를 중심 삼아 각자 아름답게 꽃피울 것이다. 모두가 어우를 수 있는 기묘한 때와 시기에 맞춰 봄꽃, 여름꽃, 가을꽃, 겨울꽃처럼 당신의 골프는 열매 맺을 것이다.

## 누구에게나 통용되는 실전 골프 기술

사람의 생김이 다르니 각자 다르게 움직이는 것이 맞다. 하지만 우리는 공통점을 지니고 있다. 골프 클럽을 이용한다는 것이다.

클럽을 어떻게 이용하는지에 따라 결과가 확연히 달라지기에 실전 골프와 같은 급급한 상황에서는 특정한 이론보다 하나의 진실된 생각이 좋다. 그중 하나가 골프 클럽의 성질인데, 무거운 클럽 헤드는 클럽의 중축인 샤프트에 맞물렸다 나아간다.

즉 골프 클럽은 힘이 생기면 그 힘을 다시 반동으로 내보내려 한다.

골프 클럽이 이렇게 움직인다면 사람역시 그것에 맞게 움직일 때 최고의 결과가 나올 것이다. 물아일체(物我一體)의 경지다.

골퍼의 스윙은 공에서부터 시작한다. 그리고 시작 전에는 이미 공이 똑바로 갈 수 있도록 클럽과 몸을 정렬해 놨다.

그림(37) 모든 것은 제자리로

① 힘의 시작(공)

② 힘의 완성

③ 그 힘을 다시
   원래의 자리(공)
   로 되돌리기.

따라서 힘을 모은 뒤 처음 있던 자리로 그 힘을 발산하면 된다.

하지만 우리는 그렇게 하지 못한다. 그림 37에서 ②번 상태인 힘이 만들어진 상태가 되면 다른 생각이 든다. 우리의 본능이다. 힘이 생기면 원래의 계획이 아닌 다른 행동을 하고자 한다. 즉 그 힘을 다시 풀어내기보다 욕심에 쓰려한다.

하지만 이는 공에서부터 시작된 클럽 헤드의 운동이 그립 끝으로부터 저항하여 정점에 다다른 상태이므로,

골퍼는 이제 반대로 헤드가 아닌 그립 끝을 움직여 그립과 샤프트에 맞물린 클럽 헤드를 다시 공이 있는 곳으로 던져지도록 해야 한다.

그럼에도 골퍼는 타깃으로 공을 멀리 보내는 것과 공을 맞춰야겠다는 생각에 힘을 더 많이 주거나, 몸을 공 쪽으로 덤비는 등 순리에 맞지 않게 움직여 샷을 어렵게 하는 경우가 많다. 그러므로 계속해서 상기해야 한다. 힘은 만들어지기 시작한 원래 위치로 돌아가야 한다는 것을. 그렇게 돼야 처음 정교하게 맞춰 놓은 상태에서 임팩트가 이뤄지고 원하는 방향으로 공이 날아갈 수 있음을.


사실 모든 것이 그렇지 않은가. 우리가 들숨을 마시면 그만큼은 날숨으로 내보내야 하고, 음식은 먹은 만큼 소화시켜야 하며 돈을 벌면(노동의 결실) 그만큼 이롭게 써야 하고, 태어나면 죽어야 한다. (원래 있던 곳으로 돌아간다.)

즉 모든 것은 처음 시작한 곳으로 되돌아가게 되어

있다. 그것이 우리가 사는 세상이며 골프도 다르지 않다.

공을 치기 전 자신에게 힘이 생겼다고 느껴진다면, 그 힘을 원래 있던 자리로 되돌려 보내 보자. 놀라운 결과가 찾아올 것이다.

# 매력 있는 스윙은
# 힘을 뺐을 때 생겨난다

흔히 매력이라 하면 인기가 떠오른다. 인기는 사람이 사람을 좋아하게 하는 기운이다.

즉 매력적인 사람은 누가 봐도 좋아 보인다. 그렇다면 '예쁘고 멋있는 사람'과 '매력적인 사람'의 차이는 무엇일까?

물론 혹자들은 예쁘고 멋있으면 매력적이라 말한다. 하지만 매력적인 것과 예쁘고 멋진 것은 다르다. 예쁘고 멋있는 것은 그 시대에 걸맞은 기준이 설정되어 있지만, 매력은 그것이 설정되어 있지 않다. 매력은 한 사람이 갖는 고유의 능력이기 때문이다.

지구에 77억 인구가 산다면 77억 인구 모두가 나름대로의 매력을 지니고 있다. 비록 수면 아래 잠재되어 눈으로 볼 수 없을 뿐, 누구나 잠재된 매력이 있다. 따라서 매력을 나타내려면 '자기다움'을 수면 밖으로 끌어낼 수 있어야 한다.

골프에서도 분명 예쁘고 멋진 스윙이 있다. 그러나 그보다 더 빛나는 스윙은 매력적인 스윙이다.

이상하게 누군가 공치는 것을 넌지시 보게 된다면 그 사람은 매력적인 스윙을 하고 있을 가능성이 높다.

매력적인 스윙은 모델처럼 키가 크고 몸이 유연한 사람들의 스윙을 흉내 내는 것이 아닌 자신이 가지고 있는 보물들로, 자신이 할 수 있는 최고의 스윙을 만들 때 생겨난다.

그리고 그 방법에 있어 핵심은 '힘 빼기'다. 힘을 빼야 골프를 잘하게 된다는 법칙은 누구나 동의한다. 그럼에도 사람들은 묘하게 힘 빼기를 두려워한다. 물론 힘을 빼고 생겨나는 가속에 대한 긍정적 경험이 없기에 그럴 수도 있지만, 진짜 힘을 빼지 못하는 이유는 누군가를 흉내 내겠다는 의식, 혹은 타인에게 잘 보여야겠다는 의식이 은연중에 있어서다.

물론 이것은 골프입문 단계에서 형태를 갖추기 위해 필요하다. 그러나 누군가를 따라하거나 의식한다는 것은 사람으로 하여금 힘 빼기를 할 수 없도록 한다.

그것 자체가 벌써 몸에 힘이 들어가기 때문이다. 따라서 예쁘고 멋진 스윙에 대한 의식은 스윙 중 힘을 뺄 수 없게 하고, 누군가를 따라하다 어색해져 버린 스윙으로 전락되게 한다.

그러므로 골퍼는 남의 스윙을 흉내 내기보다 자신의 스윙을 사랑할 수 있어야 한다. 자아존중감이 높을 때 매력도 높아진다. 타인에게 잘 보이려는 것이 아닌, 누군가에게 평가받고 싶은 스윙이 아닌, 자신이 할 수 있는 유일무이한 스윙을 위해 힘을 빼고 스윙해 보는 것이다. 그랬을 때 우리는 클럽의 움직임과 무게를 느껴 한층 더 '클럽통제능력'을 함양시키는 수준급의 골퍼가 될 것이다.

힘을 뺀 스윙: 본인의 의식과 고집, 타인의 비판 등
자유롭지 못하게 하는 것으로부터 벗어나 자기 자
신이 가장 잘할 수 있는 동작들로 구성된 스윙

분명한 사실 하나는 무언가 어색하고 딱딱한 스윙이
아닌 부드럽고 매력적인 스윙은 이로부터 탄생한다는
것이다. 우리가 공 앞에서 해야 될 일은 클럽을 다루는
것임을 잊지 말자.

분명 자신의 힘을 내려놓고 클럽을 우선 삼아 운동할
때의 주어지는 골프의 적절한 새로운 힘은 우리에게 신
비감을 선사하며 그로 인해 생기는 클럽의 생명력은 흥
미로운 경험이 될 것이기에 여러분에게『골프, 신이 주
신 노하우』를 추천한다.

# 참고 문헌

대한 성서 공회, 『새번역 성경』.

잭 니클라우스, 캔 보딘, 2010. 4. 15., 『골프 마이 웨이』, 팩컴북스.

김준식, 2019. 3. 8., 『골프, 이 책을 미리 알았더라면』, 좋은땅 출판사.

법정, 1999. 8. 5., 『무소유』, 범우사.

다이앤 L쿠투, 2018. 10. 19., 『회복탄력성 실패와 위기에도 무너지지 않는 항체 만들기』, 21세기북스.

밥 미챌, 김성 역, 2010. 5. 20., 『천국에서의 골프』, 문학동네.

손무, 중국고대서, 『손자병법』.

밥 로텔라, 원형중 역, 2005. 4. 23., 『골프, 완벽한 게임은 없다』, 루비박스.

엘리자베스 루카스, 신동환 역, 2016. 3. 27., 『기쁨 사용법』, 가톨릭출판사.

최인철, 2016. 8. 31., 『프레임』, 21세기북스.

김형국, 2017. 5. 25., 『풍성한 삶으로의 초대』, 비아토르.

최혜영, 2007. 10. 30., 『최혜영의 손이 편한 골프』, 시공사.

# 골프,
## 신이 주신 노하우

ⓒ 김준식, 2023

개정판 1쇄 발행 2023년 7월 22일

| | |
|---|---|
| 지은이 | 김준식 |
| 펴낸이 | 이기봉 |
| 편집 | 좋은땅 편집팀 |
| 펴낸곳 | 도서출판 좋은땅 |
| 주소 | 서울특별시 마포구 양화로12길 26 지월드빌딩 (서교동 395-7) |
| 전화 | 02)374-8616~7 |
| 팩스 | 02)374-8614 |
| 이메일 | gworldbook@naver.com |
| 홈페이지 | www.g-world.co.kr |

ISBN 979-11-388-2118-6 (03190)